OLIVER DOMZALSKI & MICHAEL KERNBACH

ANGELA MERKEL:

geheimes! MEIN TAGEBUCH

LAPPAN

Unser Versprechen für mehr Nachhaltigkeit
- Klimaneutrales Produkt
- Farben auf pflanzlicher Basis
- Papiere aus nachhaltiger Waldwirtschaft
- Hergestellt in Europa

2. Auflage 2021

– Originalausgabe –

ISBN 978-3-8303-3605-1

Lektorat: Ariane Ossowski
Layout|Herstellung: Monika Swirski
Covergestaltung: Monika Swirski

FOLGT UNS! facebook.com/lappanverlag
Instagram.com/lappanverlag
www.lappan.de

MIX
Papier aus verantwortungsvollen Quellen
FSC
www.fsc.org
FSC® C002795

VORWORT DER HERAUSGEBER

Alles begann mit dem Mauerfall. Weil Südfrüchte gerade alle sind, kauft die Bürgerin Angela M. im kapitalistischen Westen vom Begrüßungsgeld ein Tagebuch. Das Buch hat Angela ein Leben lang begleitet. Gleichzeitig nutzte sie den Band, ganz im Sinne der Beschlüsse des XIV. Parteitags zur sparsamen Verwendung von Material aus der Papierproduktion, als Freundschaftsbuch. Alle, die sie auf ihrem erstaunlichen Berufsweg traf, ließ sie hier hineinschreiben. Im Laufe der Jahre klebte sie auch manch älteres, ihr am Herzen liegendes Erinnerungsstück mit hinein.

30 Jahre später gelangten Fragmente dieses Stücks Zeitgeschichte durch dunkle Hinterzimmer der Villa Hammerschmidt in die Hände der Autoren O. „Ton“ Domzalski und Michail Kernbachschow, die diesen Band nach gründlicher Überarbeitung der Welt zur Verfügung stellen. Dort, wo Einträge nicht leserlich oder unvollständig waren (also praktisch überall), haben die beiden Vollblut-Spürnasen sorgfältig jede Recherche umgangen, um zu diesem beeindruckenden Schlaglicht auf eine Ära zu kommen, in der Deutschland nicht nur Export-, sondern sogar Fußballweltmeister wurde.

Das waren Zeiten …

O.D. / M.K., im März 2021

Liebe Leute, groß und klein,
haltet mir mein Album rein,
reißt mir ja kein Blatt heraus,
sonst ist's mit der Karriere aus!
Gelle?

Es mag regnen, stürmen, schnei'n,
Ins Kanzleramt kommst du nicht rein.
Dein Edmund, im Sommer 2002

Genau! Hicks!
Gerhard Schröder, am Wahlabend 2005

Dieses Poesiealbum gehört:

Angela Dorothea Ursula Margot Iljitsch Merkel

Sternzeichen: Schildkröte

Geschlecht: Reptiloid

Hobbys: Kochen, Gärtnern, Kanzlern

Lieblingsessen: Nudeln mit Kräuterquark (zu Nudeln sagt man außerhalb der Uckermark komischerweise „Kartoffeln"); Sozis zum Frühstück; alles, was sich wiederkäuen lässt

Lieblingslied: Es fährt ein Zug nach Nirgendwo

Lieblingsbuch: Die Entdeckung der Langsamkeit

Lieblingsfilme: Ein Käfig voller Narren; The Invisible Man

Lieblingssport: Nerdic Walking

Lieblingstier: Lemming

Lieblingsheld in der Geschichte: Outsitting Bull

Lieblingslandschaft: Wartegau

Lieblingsferienort: Kanzleramt

Mein schönstes Ferienerlebnis: Die erste Kabinettssitzung ohne Ursula und ihre Stuhlsäge

Lebensmotto: Wer nichts macht, macht auch nichts verkehrt!

1989

11.11.1989 Mein erster Eintrag

Liebes Tagebuch, Du bist so neu und schön. So wie die vielen anderen Sachen in dem „Kaufhaus des Westens", wo ich Dich von dem Begrüßungsgeld habe kaufen können. Bananen waren ja leider alle. Trotzdem bin ich froh, daß ich nach meiner anfänglichen Skepsis nun selbst über die Grenze gefahren bin. Die Grenzöffnung ist also doch kein Propagandatrick der Westalliierten. Ich bin allerdings nicht sicher, ob die Entscheidung der Genossen im Staatsrat richtig überlegt war und es der Deutschen Demokratischen Republik tatsächlich gelingen wird, die gesamte BRD nach dem Öffnen der Grenze an das sozialistische System anzugliedern. Es erscheint mir eine große Aufgabe, zumal die Westdeutschen auf mich keinen besonders unglücklichen Eindruck gemacht haben und mehrheitlich Westautos und Devisen besitzen. Ich bin nicht sicher, ob alle den Tausch gegen Trabant und Plattensiedlung als Fortschritt empfinden werden.

Februar 1990 Wiedervereinigung?!?

Liebes Tagebuch, was soll man sagen? Die DDR wird nun Teil der BRD. Die Welt steht Kopf. Wo soll das noch hinführen? Am Ende wird noch ein Ostdeutscher Westkanzler. Womöglich sogar eine Frau mit FDJ-Vergangenheit. Keine Verrücktheit scheint mehr ausgeschlossen. Ich habe jetzt auch einen neuen Job als Pressesprecherin der „Allianz für Deutschland". Ich habe auch schon den Genossen Kanzler Kohl kennengelernt. Er nennt mich immer „sein Mädchen". Dabei sind wir weder verwandt noch verschwägert. Diese plumpen Zudringlichkeiten werde ich ihm eines Tages heimzahlen, ich schwöre!

18.01.1991 Ich habe Arbeit!

Liebes Tagebuch, leider habe ich so wenig Zeit für Dich. Die Zeiten sind bewegt und ich hatte keinerlei Aussicht auf einen sicheren Arbeitsplatz. Frau mit ostdeutschem Doktortitel in Physik, da haste als Zwerg im Basketball bessere Karten im kapitalistischen Westen, den man aber so nicht mehr nennen soll. Aber dann, wenn Du denkst, wer nimmt schon noch so eine Mauerblume wie Dich, klingelt zack!, das Telefon und Dr. Helmut ist dran. So darf ich ihn seit Silvester nennen, nachdem ich ihm zum Jahreswechsel das „Du" angeboten habe, wie es sich für Genossen in der Partei gehört. Das muß ihm gut gefallen haben, denn, tataa!, bin ich jetzt MINISTER FÜR FRAUEN UND JUGEND! Was man da wohl machen muß? Gucci-Kleider tragen und die BRAVO lesen vielleicht? Ach egal, es ist ja wohl auch kein richtiges Ministerium, sonst hätten die mich sowieso nie genommen. Aber die Knete ist echt. Harte West-Mark, jeden Monat. Hat Dr. Helmut versprochen. Dann will ich mal nicht so sein. „Der arme, geschundene Osten braucht in der Regierung ein passendes Gesicht", hat Dr. Helmut bei meiner Vorstellung vor der johlenden Runde im Kabinett erklärt. Und nach Bonn umziehen muß ich auch noch. Dafür kriegt er eines Tages noch mal eins auf die Birne!

15.02.1991 Die spinnen, die Westlerinnen!

Wollte heute das neue Briefpapier zurückgehen lassen. Da stand nämlich „Die Bundesministerin" statt „Der Bundesminister". Dann haben sie mir erklärt, daß das extra ist und kein Fehler. Weil ich eine Frau bin, heißt mein Beruf im Westen „Ministerin". Ist wohl irgendwas mit diesem Feminismus, den die Frauen hier im Westen haben, statt der Gleichberechtigung. Minister Margot hätte denen aber dermaßen den Marsch geblasen.

01.04.1991 So nicht! Nicht mit mir!

Habe dem Genossen Kohl jetzt das „Du" wieder aufgekündigt. Gott, was hat der mich blamiert. „Mädchen, geh mal in die Reinigung, den Mantel der Geschichte abholen!" Und ich doofe Kuh mache das auch noch! Ohne Wäschezettel. Klar, daß mir die Genossin Reinigung so ein wertvolles Kleidungsstück nicht einfach aushändigt. Kann doch mal passieren. Mich dafür aber so auszulachen ... Na, warte.

FUNDSTÜCK NO.1:

Postkarte von Tante Hilde ausm Westen, 1966

Hat mir meine Mutter letzte Woche hier nach Bonn geschickt. Von Templin aus zurück in den Westen. Lustig.

Liebe Angela,

hier schreibt Deine Tante Hilde aus dem Westen.

Ich weiß so wenig über Euch dort hinter der Mauer. Aber im September fliege ich nach Mexiko, darüber weiß ich dann mehr. Ich habe gehört, dass Ihr keine Bananen habt, deswegen habe ich diese Karte ausgesucht, die einige prächtig gelbe und reife Bananen zeigt. Vielleicht kannst Du Dich daran erfreuen, wenn Du die Karte in Dein Zimmer hängst. (Habt Ihr so etwas wie Zimmer?) Und gehst Du denn zur Schule oder habt Ihr so etwas auch nicht in der Zone?

Grüß Deine Eltern recht herzlich von mir. Und haltet durch!

Deine Hilde

1992

10.09.1992 Jugoslawienkrieg

Liebes Tagebuch, die letzten Monate konntest Du glatt vergessen. Mein schöner Kroatienurlaub, abgesagt wegen des blöden Kriegs in Jugoslawien. Dabei dachte ich, Reiseverbote würden jetzt endlich der Vergangenheit angehören. Pustekuchen! Jedenfalls habe ich mich darum und wegen der ganzen Langeweile in diesem miefigen Kaff am Rhein auf eine super Täuschungsstrategie für meine ganzen Kollegen hier besonnen, die Wach-Koma-Technik. Diese Technik hatte ich bereits beim XI. FDJ-Parlament erprobt. Es ist eine Art Trance, bei der man vor aller Augen komplett schläft, ohne daß es jemand merkt. Und was soll ich sagen, mir sind alle auf den Leim gegangen! In diesem todgleichen Zustand bin ich in der Parteihierarchie direkt einige Stufen aufgestiegen. „Die Merkel macht einen super Job", berichtet meine IM Sekretärin aus der Kantine. „Frauen und Jugend. Siehste nicht. Hörste nicht". Kommt gut an. Ich wußte es schon immer: Wer nichts macht, macht nichts verkehrt. Das werde ich in Zukunft ausbauen. Kost ja nix.

04.10.1992 Klassentreffen in Templin

Gestern war ich in Templin beim Klassentreffen. Mensch, war das schön! Auch wenn ich einen Moment gebraucht habe, bis mir wieder einfiel, daß die ganzen gemeinen Sprüche, über die ich zuerst so laut gelacht habe, alle auf meine Kosten gingen. „Lieber singen bei der Stasi als mal kuscheln mit der Kasi" und so weiter. Haha, sehr lustig. Weil ich früher Kasner hieß.

Witzig. Aber jetzt lache ICH. Guck sie Dir an, diese Spreegurken! Wende-Verlierer. Wenn man es noch nicht mal ins Kabinett von Dr. Kohl schafft, ist man doch schon jetzt vollständig am Westen gescheitert. Allerdings, so viel Elend ist gut fürs Selbstbewußtsein. Darum habe ich mir ja hier in der Pampa mit dem Dings eine Datsche aus Treuhandbeständen gezogen. Damit ich mich regelmäßig am Niedergang der kleinen Schufte meiner Jugend wärmen kann. Ich kann ja schon ein echtes Biest sein.

03.11.1992 Wahl des 42. US-Präsidenten

Uiuiui, ich bin so verliebt wie ein Backfisch! Bill Clinton ist jetzt Präsident der USA. Ich sage zu meiner Begleiterscheinung, dem Dings, Genosse Dings, sage ich, warum bist DU nicht so locker vom Hocker? Aber man kann eben nicht alles haben. Jedenfalls mußte ich dann heute wieder die Grenzen dieser merkwürdigen Demokratie erleben, in der wir jetzt leben. Habe heute Morgen in der Redaktion der BRAVO angerufen und dort ein Titelbild mit dem neuen Genossen Präsidenten angeordnet, mit dem durch und durch jugendlichen Titel: Sexy Angie gratuliert Billy Boy! Und was passiert? Aufgelegt haben die! Einfach so! Bei einer Ministerin! Das hätte es bei uns in der DDR nicht gegeben. Die BRAVO allerdings auch nicht, zugegeben. Es ist so kompliziert.

FUNDSTÜCK NO.2:

Gisela P., Lehrer an der Polytechnischen Oberschule Templin

Letztes Wochenende ist mir in meinem Jugendzimmer bei Mutti und Vati ein altes Poesiealbum in die Hände gefallen. Es war ein Eintrag darin. Ich kann schwer abschätzen, ob das eine gute Ausbeute war, nachdem ich es fünf Monate durch die Klasse hatte gehen lassen. Jedenfalls klebe ich die Seite jetzt mal hier rein. So kann sie wenigstens nicht in die falschen Hände geraten.

Liebe Angela,

Wer nur an seine Haare denkt
und ständig an die Knaben,
der hat sein Leben falsch gelenkt
und wird nichts davon haben.

Deine Handarbeitslehrerin,
am 8. März 1968

1993

10.10.1993 Karrieregedanken

Heute wieder Kabinettssitzung. Stinkelangweilig. Habe darum mal in den Stellenanzeigen geblättert. Au weia. Wenn man das so sieht, bleibt man besser Ministerin. Bloß, daß man da keinen Anspruch drauf geltend machen kann. Der Kapitalismus ist echt so hart. Habe dem Hr. Dr. Kohl darum vorgeschlagen, meinen Aufgabenbereich nicht nur auf Frauen und Jugend zu begrenzen, sondern auch andere nutzlose Randgruppen wie Senioren oder Familien einzugliedern. Ich glaube, er fand's gut. Geht doch. Ich schaffe das! Noch 20 Jahre bis zur Rente!

1994

03.05.1994 Deutsche-Bank-Skandal

Liebes Tagebuch, jetzt habe ich Dich so lange vernachlässigt. Aber es ist auch nicht viel passiert. Alles geht seinen sozialistischen Gang. Ach nee, „... performt auf gleichbleibendem Niveau", heißt das ja jetzt. Ich lerne das noch. Denn Kapitalismus, das ist letzten Endes nur ein Spiel. Und das viele Geld? „Peanuts", hat der Genosse Köpper von der Deutschen Bank gerade gesagt. Immerhin 50 Millionen Mark. West, wohlgemerkt. Hat er einem Immobilienhändler geliehen. Einfach so. Ohne groß zu fragen, was der damit macht. Ist ein bißchen so wie mit meinem Ressort-Etat. Nur, daß ich nicht ins Gefängnis muß, wenn der einfach weg ist. Sondern auch noch für mein maßgeschneidertes Haushalten gelobt werde. Vielleicht sollte ich dem Dr. Kohl doch mal wieder ein paar Plätzchen backen? Schweineohren, die mag er doch so gerne.

01.11.1994 Ministerin für Umwelt

Jajajajaja, ich hab's geschafft! Mein Vertrag als Fachkraft Ministerin ist gerade um volle vier Jahre verlängert worden! Qualität setzt sich eben durch. Weil es Dr. Kohl wohlwollend aufgefallen ist, daß ihm jahrelang nichts Besonderes von Frauen und anderem Gedöns zu Ohren gekommen ist, hat er mich nun zur Umweltministerin gemacht. Von der Umwelt möchte er nämlich gerne auch mal ein paar Jahre nichts hören. Kriege ich hin.
Darauf ein Piccolöschen und vielleicht gehe ich mit meiner eheähnlichen Beziehungseinheit, dem Dings, später noch aus, feiern. Exotisch essen. Italiener. Oder Grieche. Man muß auch weltoffen sein!

FUNDSTÜCK NO.3: Kaderakte der Freien Deutschen Jugend Templin

Schon früher galt: Ich war gut - und ich konnte auch ein Schlitzohr sein. Vor allem, wenn es mal eng wurde für mich.

Angela Dorothea Kasner, geboren 1954 im kapitalistischen Ausland, war im Jahr 1971 Kulturreferent der Freien Deutschen Jugend. Während ihre schulischen Leistungen und ihre Kampfeinsätze für die Deutsch-Sowjetische Freundschaft nicht zu beanstanden waren, gab ihre Kulturtätigkeit Anlaß zu Kritik.

Im Rahmen einer Besprechung in Anwesenheit von Vertretern der SED-Bezirksleitung und der staatlichen Organe übte die K. Selbstkritik. Sie gab an, nicht gewusst zu haben, daß es sich bei R. Wagner um einen nationalsozialistischen BRD-Bürger handelt. Sie habe sein Machwerk "Lohengrien" nur deshalb einstudieren und aufführen wollen, weil sie "seine Musik so toll finde". Außerdem habe sie sich selbst in der Titelrolle gesehen.

Die Angabe der K., sie habe nicht gewusst, daß ein "Komponist" etwas anderes sei als ein "Kommunist", wurde von den Anwesenden als unglaubhafte Schutzbehauptung eingeschätzt.

K. erhält einen Tadel und wird als unwürdig zur weiteren Ausübung der Funktion als Kulturreferent eingestuft.

Templin, 8.1.1972

Gaby (Türbrigade der Klasse 9c)

1995

01.05.1995 Besetzung der Ölplattform Brent Spar

Endlich Feiertag. Dieser neue Job hält mich ganz schön auf Trab. Atommüll-Transporte, versenkte Ölplattformen und immer mittenmang diese zotteligen Typen von Greenpeace. Wieso nennen die sich PEACE, wenn die immer nur Ärger machen? Jedenfalls, ich weiß gar nicht, wozu ich zuerst nichts sagen soll. Habe deswegen bei Dr. Kohl eine Versetzung auf den Posten des Außenministers beantragt, weil, ich reise ja sehr gerne und habe da durchaus Defizite. Man könnte auch ein Ministerium für Freizeit, Urlaub und Wochenende unter meiner Führung schaffen. Da sehe ich großen Bedarf in der Bevölkerung. Alles besser als dieser Stress mit der Umweltschützerei. Aber Dr. Kohl hat nur gelacht. Männer!

17.07.1995 Geburtstagsgedanken

Heute ist mein 41. Geburtstag. Ich bin aufgewacht und habe gedacht, Mensch Angela, noch wärste jung genug, um was Anständiges anzufangen. Etwas, wo man dafür sorgen kann, daß es den Menschen besser geht. Polizistin, Müllwerkerin, Krankenschwester, Kindergärtnerin. Was richtig Wichtiges ebend. Aber dann andererseits, diese Arbeitszeiten. Das Gehalt. Die Rente. Da wäre ich ja schön bescheuert. Warum man diese Leute nicht einfach vernünftig bezahlt, habe ich mal den Typen mit den buschigen Augenbrauen gefragt, der bei uns im Regierungsverein die Kasse macht. „Weil die keine Zeit haben, sich darüber zu beschweren", hat er da gesagt und so laut gelacht, da habe ich zur Sicherheit mal mitgelacht. Nicht, daß der auf falsche Gedanken kommt und mich beim Parteivorstand anschwärzt. Ich weiß ja noch genau, wie schnell das gehen kann. Holzauge, sei wachsam!

1996

20.03.1996 BSE-Ausbruch in England

Liebes Tagebuch, jetzt ist es raus. Die Engländer sind nicht von Natur aus so merkwürdig, sondern haben eine Krankheit, die sich Rinderwahn nennt und vom Rindfleischessen kommt. Andererseits, Krankheiten, die vom Tier zum Menschen wandern, wer soll das glauben? Dann müßte man ja auch die Mauser kriegen. Oder die Blauzungenkrankheit. Meine Theorie: Das kommt aus einem Labor und ist eine Erfindung der Russen oder der Chinesen!

25.12.1996 Weihnachten in Familie

Heute stand wie jedes Jahr die weihnachtliche Zwangsvereinigung mit den Genossen Eltern und Geschwistern auf der Agenda.
Nach dem Essen (Muttis Matjestorte bleibt die beste!) hielt Genosse Papa eine Andacht, denn ein Pastor ist immer im Dienst, sogar an Weihnachten! Habe dabei aus lauter Langeweile und Fremdscham auf diesem neumodischen Mobilfunkgerät herumgetippt, das mir der BND zu Weihnachten geschenkt hat. Eine Funktion heißt SMS und man kann sich so kurze Briefe auf dem Telefon schreiben. Dolle Sache. Wir priesen zum Schluß den Herrn und sind dankbar, denn Weihnachten ist nur einmal im Jahr. Danke auch an den Genossen Jesus, daß er bisher weitere Reinkarnationen unterlassen und so den Anlaß zusätzlicher Familienfeiern bisher erfolgreich vermieden hat.

06.01.1997 Die Geburt der Raute

Hallo, neues Jahr! Mein Vorsatz für Dich lautet: Ich werde niemanden mehr Genosse nennen. Der Herr Heintze hat mir wegen dieser Angewohnheit schon mit einer Entziehungskur gedroht. Entziehung des Ministerpostens, wenn ich das nicht bald lasse. Und der ist immerhin Generalsekretär der Partei, also der mächtigste Mann im Land! Ich versuche es ja schon länger, aber es fällt mir sogar noch schwerer, als von der Couch aufzustehen und zu arbeiten. Ich habe deswegen jetzt einen Schamanen aufgesucht, der mir ein magisches Auge geschenkt hat, das ich immer mit den Händen bilden soll, wenn mir das G-Wort auf den Lippen liegt. Es schränkt zwar meine Bewegungsfähigkeit ziemlich ein, aber andererseits: Es funktioniert! Werde es aber erst mal nur im Geheimen nutzen, denn, mal ehrlich, wie peinlich sieht das denn aus?

Das ist meine morgendliche Fingerübung gegen das Genossenleiden. Ich bin also jetzt mein eigener Leidens-Genosse, haha!

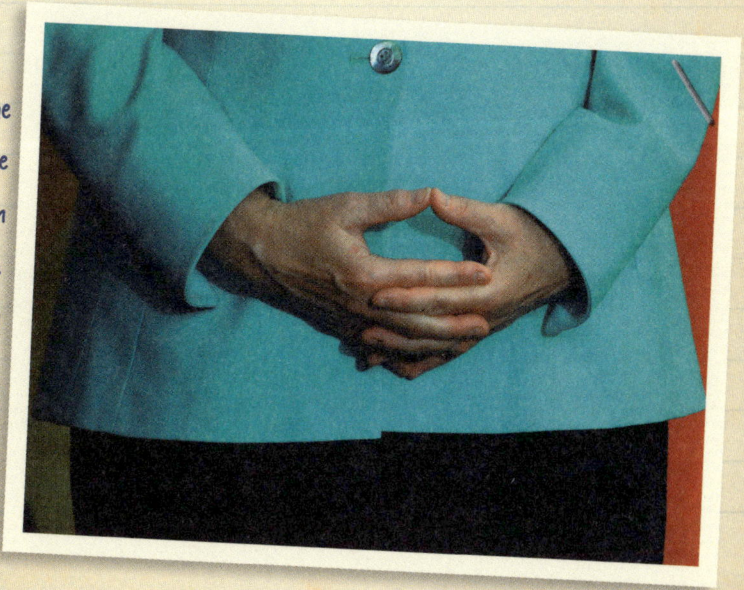

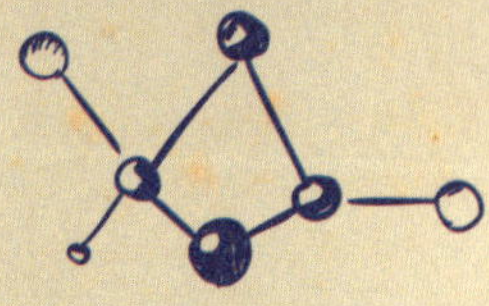

FUNDSTÜCK NO.4:

Aus meiner Stasi-Akte

Wenn die alle so dämlich waren, frage ich mich, wieso die DDR überhaupt so lange durchgehalten hat.

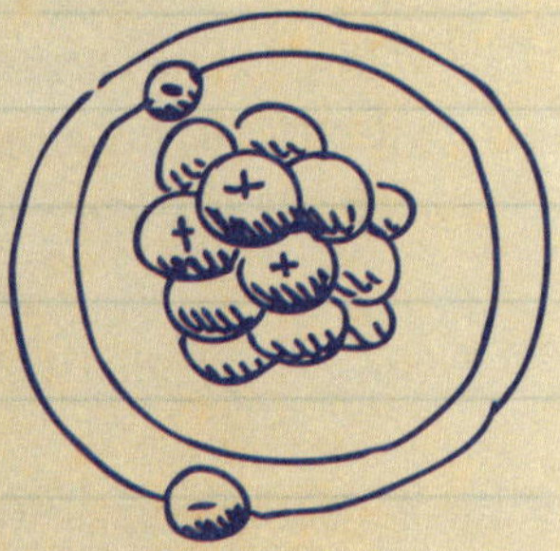

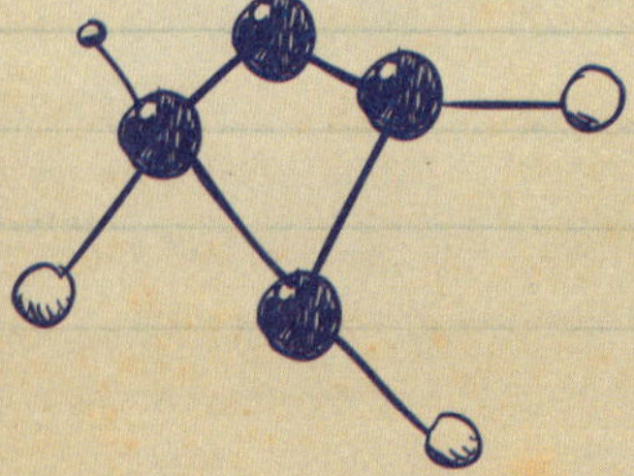

BStU
000002

Juni 1978

Person: Merkel, Angela D., geb.1954 im gegnerischen Ausland als A. Kasner, verh. mit dem Merkel, Ulrich *(vgl. OV Z-A34/1973)*

Vorgang: Einschätzung des Referats "Wissenschaft" des Ministeriums für Staatssicherheit zur Diplomarbeit der Merkel, A.

Verdacht: Staatsfeindliche Wühltätigkeit und negativ-feindliche Grundhaltung [redacted]

Sachverhalt: Einziges Exemplar der Arbeit konnte vor Abgabe durch IM "Coiffeur" gesichert, vervielfältigt und unbemerkt in die Wohnung der M. rückgeführt werden. Verdacht beruhte auf Titel der Arbeit: **"Der Einfluß der räumlichen Korrelation auf die Reaktionsgeschwindigkeit bei bimolekularen Elementarreaktionen in dichten Medien"**

- Der Begriff "räumlich" kann als versteckter Hinweis auf die Reiseregelungen der Deutschen Demokratischen Republik gelesen werden (die den internationalen Normen entsprechen).
- Der Begriff "Reaktionsgeschwindigkeit" kann als Kritik am Handeln staatlicher Organe im Falle kurzfristiger Lieferengpässe bei Waren des täglichen Bedarfs gedeutet werden.
- Der Begriff "bimolekular" kann als kritische Anspielung auf die Existenz zweier souveräner deutscher Staaten gelesen werden. (Die M. ist in Hamburg geboren!)
- Der Begriff "Elementarreaktionen" kann als unmittelbare Drohung mit unberechenbaren und sich schnell beschleunigenden Unmutsäußerungen von Teilen der Bevölkerung der Deutschen Demokratischen Republik wegen angeblicher "Mißstände" gelesen werden.

- Der Begriff "dichte(r) Medien" kann als Kritik an der Lenkung der Presseorgane der Deutschen Demokratischen Republik durch die Arbeiter- und Bauernmacht verstanden werden.

Beurteilung: Weiteren Verdacht erregt zusätzlich die Verwendung des Begriffs "Trägheit der Masse" in der Einleitung. (Hinweis auf angeblich zu passive Haltung der proletarischen Massen im August 1968?). Im weiteren Verlauf der Prüfung ergaben sich keine konkreten Verdachtsmomente, weil die beauftragten Mitarbeiter den Ausführungen der M. nicht folgen konnten.

Dauerhafte Beobachtung durch IM dringend empfohlen.

Nachtrag Januar 1986:

Person: Merkel, Angela D. Merkel, geb.1954 im feindlichen Ausland als A. Kasner, geschieden, liiert mit dem Sauer, Joachim *(vgl. OV G-C23/1977)*

Vorgang: Prüfung der Dissertation

Verdacht: Provokation der staatlichen Organe, Zersetzung

Sachverhalt: Die Dissertation der Merkel, Angela trägt den Titel: **"Untersuchung des Mechanismus von Zerfallsreaktionen mit einfachem Bindungsbruch und Berechnung ihrer Geschwindigkeitskonstanten auf der Grundlage quantenchemischer und statistischer Methoden".**

Beurteilung im beschleunigten Verfahren: Die Begriffe "Zerfallsreaktionen" und "Bindungsbruch" sind nach Einschätzung von Genosse Oberst Planck n i c h t als versteckter Aufruf zu inneren Unruhen infolge hier und dort auftretender kurzfristiger Lieferengpässe bei Waren des täglichen Bedarfs sowie als Hinweis auf ein Zerbrechen des unverbrüchlichen Bündnisses der Arbeiterklasse mit der SED zu verstehen.
Dem Antrag der M. auf Besuchsreise in die BRD ist stattzugeben.

1997

14.07.1997 Loveparade mit 1 Million Teilnehmer

Liebes Tagebuch, heute hat es mich mächtig erschreckt. Ich meine, ich mache den Fernseher an und was sehe ich? Eine Million Menschen auf den Straßen von Berlin! Ich denke, was wollen die denn schon wieder? D-Mark hammse, offene Grenzen hammse, West-Autos, Jeans, Südfrüchte aller Art, sogar die lustigen Trinkpäckchen, die wir nur aus der West-Werbung kannten, kannste jetzt an jeder Ecke kaufen. Sacht mein persönlicher Mitbürger Dings zu mir, Angela, das ist die „Love Parade". Aha, denke ich mir, Koks und Nutten, das wollen die jetzt wohl auch noch alle haben. Vermutlich auf Krankenschein oder finanziert aus Steuergeldern. So ist er, der real existierende Kapitalismus! Pfui. So nicht, liebe Mitbürger, so nicht!

27.07.1997 Jan Ullrich gewinnt die Tour de France

Liebes Tagebuch, mein ostdeutscher Landsmann Jan Ullrich hat gerade die Tour de France gewonnen. Auch wenn ich lieber Trittbrett fahre als Rennrad, bin ich sehr stolz auf den Jungen, der diesen großen Erfolg auch mit den Tugenden und Trainingsmethoden der DDR gewonnen und sicher Eigenblut und Wasser dafür geschwitzt hat.

25.08.1997 Verurteilung von Egon Krenz

Liebes Tagebuch, mir ist angst und bange. Sind denn alle Regeln nichts mehr wert? Es hieß doch immer „Die Kleinen hängt man, die Großen läßt man laufen". Und jetzt? Muß Staatsratsvorsitzender Genosse Krenz ins Kittchen. Gestern gab es noch Orden, heute kalte Graupensuppe. Worauf soll man sich denn als Politiker noch verlassen, wenn selbst höchstes Führungspersonal am Ende für irgendwelche Fehler zur Rechenschaft gezogen wird? Schäuble und Kohl haben sich beim Eingang der Nachricht auch so merkwürdig angeguckt. Ob die etwa auch eine Leiche im Keller haben? Also, beim Kohl ist es sicher ein ganzer Friedhof.

06.09.1997 Beisetzung Lady Diana

Liebes Tagebuch, ich bin soooo traurig. Heute wurde Lady Diana im Westminster Abbey beigesetzt. „Only the good die young", sagen die Engländer. Das ist sicher der Grund, warum Genosse Kohl noch quicklebendig ist. Auch wenn es bei dem im Oberstübchen langsam zu rieseln scheint, denn gestern habe ich beim Staubsaugen in seinem Büro eine Skizze gefunden. Mit Oggersheim als kaiserlicher Hauptstadt, Projektname „Kohlopolis". Hab's dem Führungsoffizier S. gezeigt. Dem hat sich gleich der Saumagen umgedreht. 16 Jahre Kanzlerschaft sind einfach viel zu viel!

11.12.1997 Kyoto-Protokoll

Ich wußte es schon immer: Meine Fähigkeit, mit offenen Augen zu schlafen, macht auch die härtesten Verhandlungsgegner irgendwann mürbe. Manchmal bin ich ja wochenlang weg im Wach-Koma, ohne daß es jemand merkt. Gestern bin ich dann hier in Japan aufgeschreckt, als alle bereit waren, ein Papier gegen den Klimawandel zu unterschreiben, wenn sie dann nur endlich ins Bett gehen dürften. Und zack, bin ich wieder die Gewinnerin. Natürlich bin ich gegen den Klimawandel, schon allein, weil ich Wandel an sich irgendwie blöde finde. Alles soll mal schön so bleiben, wie es jetzt ist. Festes Gehalt, viel freie Zeit, der Chef ständig im Wolkenkuckucksheim. Da kann doch keiner einen Wandel wollen.

FUNDSTÜCK NO.5:

BND-Archiv

Ach so, verstehe: Die im Westen waren auch nicht heller. An das Mädel erinnere ich mich sogar noch. Schnepfe! Und mit diesem Dienst muß ich arbeiten, als Regierungsmitglied! Na, ich sag mal: Dienst ist Dienst und Schnaps ist besser.

Komplex "Einreisen DDR", Aktennotiz W5233/1986

Angela Dorothea Merkel, geb.1954 in Hamburg, wohnhaft Berlin (Ost), Dr. der Physik, gesch.

M. hielt sich wegen einer wissenschaftlichen Tagung fünf Tage auf dem Gebiet der Bundesrepublik auf. Verhalten unauffällig, kein Versuch der Kontaktaufnahme zu bundesdeutschen Stellen, kein Hinweis auf Übersiedlungsabsicht, kein Hinweis auf Agententätigkeit. Lebenspartner verblieb in Ost-Berlin.

Kontaktaufnahme unsererseits blieb unergiebig. Gesprächseinstieg unserer Mitarbeiterin Z. zunächst gelungen, nach der Aufforderung "Mach doch mal was mit deinen Haaren! Ich kann dir einen guten Friseur empfehlen" versiegt das Gespräch schnell. M. versteht Notwendigkeit Friseurbesuch nicht und verweist zudem auf knappe DM-Mittel. Mitarbeiterin Z. wird erneut geschult.

Vorgang abgeschlossen.

1998

10.03.1998 Wie eine Flasche leer!

Liebes Tagebuch, heute gab es endlich mal was zu lachen in den Nachrichten. Nicht immer nur Castor-Transporte und miese Wahlprognosen. Ein ausländischer Vertragsarbeiter namens Trapattoni hat die Spieler seiner Fußballmannschaft so drollig beschimpft, daß ich mir davon Passagen für die Geburtstagsrede beim Dr. Kohl stibitzen werde. „Drei, vier Minister habe regiert wie Flasche leer", oder, „Was erlaube Schäuble?" Das wird ihm sicher nicht gefallen, aber egal, wenn ich bei Infas gucke, hat Dr. Kohl ohnehin fertig. Ob man nach acht Jahren Ministerei wohl noch eine Umschulung bezahlt bekommt?

10.05.1998 Guildo Horn in Birmingham

Hui, was war das gestern eine lustige Büroparty. Wir haben mit der ganzen CDU-Fraktion zusammen den Eurovision Song Contest geguckt. „Guildo hat euch lieb", gesungen von einem dicken, häßlichen Mann. Das war so mittelprächtig, daß ich zu Führungsoffizier Schäuble sagte, das könne doch auch der Kohl hinbekommen. „Helmut hat euch lieb" zum Beispiel. Das wäre auch nicht schlimmer gelogen als „Die Rente ist sicher" oder die „blühenden Landschaften" und klingt viel netter. Schäuble ist einfach kommentarlos weggerollt. Habe ich notiert!

17.08.1998 Clinton-Lewinsky-Geständnis

Liebes Tagebuch, das Weiße Haus ist ein Sündenpfuhl. Dort treibt es der Präsident schamlos mit einer Praktikantin. Dr. Kohl hat sich so sehr darüber aufgeregt, daß er und seine Büroleiterin Fräulein Weber früher ins Romantik-Hotel fahren mußten als eigentlich geplant, um dort eine Besprechung vorzubereiten. „Mündlich", hat die Weber gesagt und da haben beide laut gelacht. Genosse Kohl wird immer merkwürdiger.

27.09.1998 Bundestagswahl

Es ist vorbei! Mein schöner, warmer Platz auf der Regierungsbank: futsch! Alles wegen Kohl. Der war bis zum Schluß sicher, daß so was Belangloses wie Bundestagswahlen ihn niemals aus dem Amt kegeln könnten. Das hätte ja auch gestimmt, wenn man 1990 auf der richtigen Seite der Mauer weitergemacht hätte! Jetzt haben wir den Eiersalat. Vielen Dank und alles Gute! Der neue Kanzler wird dieser Schröder. Ein lauter Kerl ohne Manieren. Schon wieder. Scheint eine Art Stellenqualifikation zu sein. Vielleicht könnte ich ... durch einen schnellen Parteiwechsel ... nee, lieber nicht. Abwarten, Angela. In dieser verrückten Demokratie ist ja vieles möglich. Vielleicht sogar eine Regierung mit Rot UND Schwarz? Und vor allem mit mir? Darf man ja keinem erzählen, weil man sonst in die Klapse kommt.

07.11.1998 Wahl zur Generalsekretärin der CDU

Ich. Generalsekretärin. Oh. Mein. Gott. Es ist nicht so richtig wie früher bei uns und auch nur von einer Oppositionspartei, aber damals hat es bei uns so was wie Opposition ja nicht einmal gegeben. Oder wenn, nur in Sicherheitsverwahrung in Bautzen. Da habe ich es doch viel besser. Ob ich mir zur Feier des Tages eine Bronzebüste mit meinem Konterfei für den Schreibtisch gönne? Lieber nicht. Die Wessis haben einfach nicht dasselbe Verständnis für die Schönheit des sozialistischen Personenkults. Was soll's.

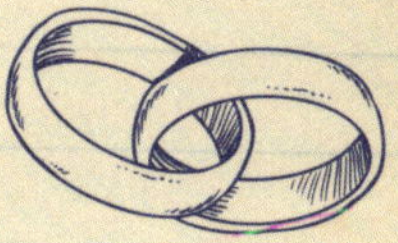

31.12.1998 Hochzeit

Heute auf Anraten des Steuerberaters den Dings geheiratet. Es war eine sehr schöne Zeremonie. Formell, mit viel Papier, Stempeln und Unterschriften. So wie ich es gerne habe. Der durchführende Vollzugsbeamte wollte wissen, ob ich den Nachnamen des Dings annehmen möchte, der zu meinem Erstaunen „Sauer" lautet. Da ich leider dazu neige, die Mundwinkel nach unten zu ziehen und noch nicht weiß, ob ich mich nicht doch noch irgendwann auf dem freien Arbeitsmarkt anbieten muß, bin ich lieber bei 'Merkel' geblieben. Warum heißt er nicht „Fleißig", „Redlich" oder „Stehtsbemüht"? Da hätte ich mich drauf einlassen können. Nomen est Omen, wußte schon mein Matheprof., der gute, alte Geheim-Dienstrat I.M. Maulwurf.

Weihnachten 1998

Liebe Angela,

„Gut Dings will Weile haben“, sagt der Volksmund bekanntlich. Ich bin dankbar, ~~daß~~ dass wir mein Dienstverhältnis nun, nach immerhin 14 Jahren, auf eine rechtlich gesicherte Basis stellen. Ein Agreement auf „Vertrauensbasis“ ist schön und gut – aber ein Ehevertrag ist eben doch etwas Handfestes. Deshalb freue ich mich auf unsere Minuten im Standesamt. Und auf deine Unterschrift mit grüner Cheftinte.

~~Daß~~ Dass ich Weihnachten wie immer allein verbringe, gibt mir Zeit zum Nachdenken. Wenn wir uns trafen, habe ich dich bisher immer als verlässlichen Kameraden erlebt. Dein Umgang mit deinen Freundinnen und Freunden hat manchmal geradezu etwas Freundschaftliches und ich höre euch dann bisweilen sogar albern kichern, im Wohnzimmer. Wenn ich die Schnittchen hereinbringe, begegnen mir deine Leute immer mit Respekt – was ich von dir leider nicht durchgehend behaupten kann. Manchmal hatte ich sogar schon ein Namensschildchen am Revers, das du aber nicht gesehen hast.

Ich stelle fest, ~~daß~~ dass die Welt der Politik dich verändert hat. Du bist härter geworden. Du reagierst empfindlicher als früher auf meine Bitte, das benutzte Geschirr abends nicht auf, sondern gleich in die Spülmaschine zu stellen. Du führst nachts rücksichtslos laute „Krisengespräche" am Telefon, die ich bis in mein Schlafzimmer höre. Ich brauche aber auch meinen Schlaf, weil ich ebenfalls einen verantwortungsvollen Beruf habe. (Hand aufs Herz: Weißt du eigentlich, was und wo genau ich arbeite? Und ~~daß~~ dass ich mir mein eigenes Taschengeld verdiene?)

Ein wenig traurig bin ich, ~~daß~~ dass du weder Hochzeitsgeschenk noch Hochzeitsreise wünschst. Bleibt uns wirklich wieder nur das blöde Show-Bergwandern im Sommer, für die Medien? Für einen Tag per Hubschrauber in die verkackten Alpen, nur wegen der Fotos? Na ja, sei's drum. Ich hab dem Ganzen ja damals zugestimmt. Weil du sagtest, ~~daß~~ dass es für die deutsche Einheit sei. Manchmal zweifle ich, ~~daß~~ dass es nur darum ging. Angela, ich wünsche dir, dass (Ha!) du aus dieser Politikmühle bald ganz rauskommst. Noch mal ganz was anderes machen – das wär's doch! Du wolltest doch immer schreiben. Oder bildhauern. Und mehr Sport machen. Überleg dir das mal.

Dein „Dings"

P.S. Bist du eigentlich für diese neue Rechtschreibung mitverantwortlich? Das ist ja die Pest!

19.04.1999 1. Reguläre Sitzung im Reichstag

Liebes Tagebuch, endlich ist die gesamte Firma umgezogen und wir leben wieder in Berlin, das auch ohne die Mauer eine schöne Stadt geblieben ist. Heute war Auftakt-Sitzung im neuen Plenarsaal des Reichstags. Alle beschworen die historische Bedeutung des Tages. Danach Currywurst am Ku´damm. Preise wie einst im Foyer der Staatsoper. Die spinnen doch, die Imbiss-Haie. Die sollte man mal ein paar Monate zwangsschließen, damit die wieder Demut lernen. Vielleicht ergibt sich da ja in der Zukunft eine Gelegenheit.

11.06.1999 Deutsche Soldaten in der Balkan-Friedenstruppe

Au weia, heute haben wir tatsächlich Soldaten auf den Balkan geschickt. Keine richtigen wie GI´s oder Rote Armee oder so was, sondern nur unsere eigenen. Die Bundeswehr. Die sind doch für Krieg gar nicht ausgebildet. Nur für Saufspiele und Kadettenquälereien. Darum haben die bestimmt auch diese blauen Helme gekriegt. „Nicht schießen. Ich übe noch oder so. Dann hat noch ein sehr seltsamer Herr Schreiber angerufen, ein Händler. Wein oder Waffen, so genau weiß ich es nicht mehr. Der wollte die „Kameraden Kohl und Schäuble" sprechen. Er hätte noch viel mehr Bimbes im Keller und jede Menge Kalaschnikows aus NVA-Beständen. So gut wie neu, weil ja 1989 dann doch nicht geschossen wurde. Ich habe ihn abgewimmelt, weil ich an der Tür oder am Telefon grundsätzlich nichts kaufe.

30.06.1999 Boris Beckers Rücktritt vom Profisport

Boris Becker ist heute als Tennisprofi zurückgetreten. Er wirbt jetzt lieber im Westfernsehen für ein Produkt, das Internet heißt oder so ähnlich. Was das wohl sein mag? Es klingt ja erst einmal sehr sympathisch. Wie alles, das mit Inter- anfängt. Die Internationale. Toller Song. Oder Intershop, wo es früher für West-Mark alles zu kaufen gab. So wie heute bei Aldi, nur mit weniger Auswahl. Na ja, was es auch ist, ich sehe es mir später mal an. Vielleicht, wenn ich in Rente bin und es dieses Internet bis dahin überhaupt noch gibt. Man muss ja nicht jeder Mode hinterherrennen.

06.11.1999 Helmut Kohl leugnet schwarze Kassen

Liebes Tagebuch, heute ging es auf der Arbeit drunter und drüber. Ein mir bis dato völlig unbekannter Kerl namens Leisler-Kiep soll Parteispenden nicht versteuert haben. Ich wusste gar nicht, dass wir Politiker Steuern zahlen müssen. Ich dachte, das ist nur was für die Bürger. Egal, keiner im Büro will etwas davon gewusst haben. Aber Führungsoffizier Schäuble rollt pfeifend durch die Gänge, statt jeden anzuschnauzen, und Genosse Kohl grüßt auf einmal freundlich. Sogar dem Garderobenständer hat er einen Guten Morgen gewünscht. Dabei spricht er sonst maximal mit sich selbst. Die Sache stinkt!

30.11.1999 Kohls Ehrenwort

Jetzt ist die Katze aus dem Sack. Kohl hat Spenden von zwei Millionen Mark West nicht versteuert. Gibt der einfach so zu, im Fernsehen. Wo es jeder sehen und hören kann. Dabei bin ich sicher, es gibt gar keine Spender. Wer schenkt dem Kohl schon Geld? Brrr. Meine Theorie: Er hat es einfach selbst gedruckt. Oder seinen Freund gebeten, den ~~Genossen~~ Herrn Bundesbankpräsidenten. Sind ja ohnehin nur D-Mark-Scheinchen, die bald in EURO umgetauscht werden. Für mich ist jetzt aber Schluss mit lustig. Morgen lasse ich mir von ihm mein Freundschaftsbändchen zurückgeben.

31.12.1999 Putin wird neuer russischer Präsident

Der neue Mann im Kreml ist da, ein Geheimdienstoffizier. Putin. Klingt wie Schnitzel. Putin-Schnitzel. Haha, lustig, ich sollte morgens nicht so viel Hustensaft trinken. Jedenfalls spricht der Genosse Putin deutsch und war jahrelang in der DDR aktiv. Was der wohl über mich so alles weiß? Zumindest hat er dem Genossen Jelzin in einer Generalamnestie alle seine bisherigen Taten erlassen. Sogar die unbezahlten Deckel aus der Regierungskantine, in der Höhe des Verteidigungshaushalts, wie man hört. Ob man dem Kohl auch so eine Carte blanche ausstellen sollte? Nee, lieber nicht, nachher will der noch mal wiederkommen.

HELMUT KOHL

~~Liebe Angela,~~

~~von Anfang an habe ich deine Klugheit bewundert. Deine Durchsetzungsfähigkeit ist eindrucksvoll. Anfangs habe ich dich, ganz ehrlich, ein wenig unterschätzt. Heute schätze ich an dir deine Treue und bedingungslose Loyalität.~~

~~Dein Helmut Kohl~~

2000

01.01.2000 16 Uhr

Bin gerade aufgewacht und habe gedacht: „Das hier wird MEIN Jahrtausend. Wer es aus der FDJ bis in an die Spitze der Adenauerpartei schafft, der kann noch ganz andere Wunder vollbringen. Vielleicht kann ich ja im Spitzensport reüssieren? Bei einem Bundesliga-Verein vielleicht. Als Bankdrückerin, damit kenne ich mich ja bestens aus seit meiner Zeit auf der Regierungsbank. Oder ich nehme eines dieser netten Angebote an, die mir die freundlichen Herren von den Autobauern immer mit den korrigierten Gesetzesvorlagen meines Umweltministeriums mitgebracht haben. Vielleicht irgendwas mit ohne Politik, denn da bin ich inzwischen rein rechnerisch am Ende meiner Fahnenstange. Mehr wird das wohl nicht mehr!

10.04.2000 Wahl zur CDU-Vorsitzenden

Bingo. Bin heute zur Parteivorsitzenden gewählt worden, und zwar mit 96% der Stimmen, also nur knapp unter dem sozialistischen Normergebnis von 99%+ x. von früher. Habe sofort nach der Wahl nach Abweichlern suchen lassen. Der Merz scheint verdächtig. Habe von einem sog. Andenpakt gegen mich unter seiner Führung gehört und darum nun dort den Abgeordneten Altmaier als IM Pralinen-Peter in Stellung gebracht. Gelernt ist halt gelernt!

20.10.2000 Christoph Daums Haarprobe

Liebes Tagebuch, habe heute in den Nachrichten einen Bericht über diesen ... was macht der noch? Ach ja: Fußballtrainer Daum gesehen, der mit einer freiwilligen Haarprobe des Kokainkonsums überführt wurde. Ob Gerry Schröder auch eine solche Probe zulassen würde, um die Gerüchte zu widerlegen, dass er gefärbt ist? Werde dazu eine kleine Anfrage im Bundestag stellen. Weitere geeignete Haarprobanden wären Joschka Fischer, denn bei dem ist bestimmt Hanf im Spiel, und Otto Schily, von dem ich glaube, dass er ein getarnter RAF-Terrorist ist. Oder ein russischer Kontaktoffizier. Oder ein Vampir. Jedenfalls was furchtbar Fieses.

2001

13.05.2001 Berlusconi wird Ministerpräsident

In Italien ist heute Silvio Berlusconi zum zweiten Mal zum Regierungschef gewählt worden. Er sieht ein bisschen aus wie einer der Gangster in diesen amerikanischen Mafia-Filmen. BuKa Schröder soll sich sehr über die Wahl gefreut haben und hat heute laut lachend vor dem Plenarsaal dem Fischer etwas zugerufen, das wie „Forza, Joschi, Bunga Bunga" klang. Dazu hat er so merkwürdige Bewegungen mit der Hüfte gemacht. Herr Fischer hat betreten weggeschaut.

19.05.2001 "Schalke Meister der Herzen"

Liebes Tagebuch, heute ist ein trauriger Tag für das gesamte Proletariat. Erneut musste sich ein Fußball-Club der Werktätigen, dieses Mal der FC Schalke 04, der bourgeoisen Macht des bayerischen Geldes beugen. Unionsfreund Stoiber hat mich natürlich sofort angerufen, um mir zu sagen, dass auch ich eine tolle „Kanzlerin der Herzen" sein werde, wenn ich erst bei der Frage der Kandidatur gegen einen Bayern verloren habe. Kanzlerin? Ich? Der piept doch nicht ganz richtig unter der Silberlocke.

11.09.2001 Nine-eleven

Hatte heute wieder einen meiner schweren Wach-Koma-Anfälle und sah im Delirium, wie Flugzeuge in das World-Trade-Center hineinstürzten. Notiz an mich selbst: Weniger Science-Fiction-Filme gucken!

12.09.2001 Nine-twelve

O Gott. Es war kein schlechter Wachtraum. Es ist wirklich geschehen! Oder sollte etwa ... ich? Durch die telepathische Kraft meiner Gedanken? Nein, das ist Unsinn. Ich kann ja nicht mal mit der Kraft meiner Gedanken eine neue Idee entwickeln. Warum auch, es sind ja schon genug davon in der Welt. Keine neuen Pläne, bevor die alten nicht verbraucht sind – das ist gelebte Planwirtschaft!

31.12.2001 Goodbye D-Mark

Habe heute eine kleine Träne verdrückt, denn die D-Mark ist ab morgen endgültig Geschichte. Nichts haben diese Besserwessis uns gelassen – und jetzt nehmen sie uns auch noch die Westmark weg, wegen der wir damals die Mauer eingerissen haben. Dass der Euro auch die Währung von Ländern wie Italien und Griechenland ist, stimmt die Mathematikerin in mir nachdenklich. Denn wenn heute gilt, 1 Deutsche Mark = 990 Lire, wie wird dann über Nacht aus dieser Gleichung plötzlich: 1 Deutscher Euro = 1 italienischer Euro? Wo sind die anderen 989 Italo-Euro plötzlich hin? Prognose: Au weia, das geht nicht gut. Gott sei Dank muss ich es ja nicht ausbaden.

2002

EDMUND STOIBER

München, 12.1.2002

Liebe Angela, können wir da noch mal drüber reden?

Ich will ehrlich sein: Gestern nach unserem Frühstück bei mir daheim in Wolfratshausen habe ich innerlich triumphiert. Und wohl nicht nur innerlich, wie meine Familie, meine Nachbarn, mein Chauffeur, mein Fitnesstrainer und meine Sekretärin mir später bestätigten. Du hast mir die Kanzlerkandidatur der *ZedëuZeesssu* angeboten und ich habe natürlich blitzschnell zugegriffen. Ein gewiefter Taktiker nutzt jede Schwäche des Gegenübers sofort aus. Im Schach nennt man das den „Tempovorteil". Zack! Greif zu, bevor sie es sich anders überlegt!

Aber vorhin hatte ich dann ein langes, nachdenkliches Gespräch mit Peter Gauweiler. Er ist ja einer der wenigen, die mir auch mal „den Kopf waschen" dürfen. Es ging teilweise recht lebhaft zu, als er mich an 1980 erinnerte. Damals überließ Helmut Kohl unserem verehrten *Franzjosefstrauß* die Kanzlerkandidatur – und der verlor gegen Helmut Schmidt. Manche vermuten, Kohl habe genau das beabsichtigt. Nun will ich dir keineswegs solche taktische Raffinesse unterstellen, zumal du als Ostdeutsche die westdeutschen Kniffe von 1980 gar nicht kennen kannst. Aber meinst du, dass Schröder im Herbst wirklich schon abgewirtschaftet hat? Oder wird er sich noch mal retten? Dann wäre ich als Kandidat ja „verbrannt". Das sollten wir uns noch mal gut überlegen. Meint Peter.

Ich rufe dich in dieser Sache eventuell noch einmal an.

Dein Edmund

11.01.2002 Wolfratshausener Frühstück

Liebes Tagebuch, dieses Jahr fängt endlich richtig klasse an! Die verrückten Bayern aus der CSU wollen, dass ihr IM „Schöner Eddy" aka Unionsgenosse Stoiber Kanzlerkandidat der Union werden soll. Wie genial ist das denn? Ich habe schon seit Wochen Bauchweh, wie ich aus diesem Schlamassel herausfinde, denn wer will bitteschön freiwillig in diesen Zeiten für den ganzen Mist hier die Verantwortung übernehmen? Jedenfalls war gerade das allerbeste Frühstück meines Lebens. Weniger wegen der vielen fetten Wurst und dem Bier schon am frühen Morgen. Das war eher eklig. Aber wer mit rückständigen Völkern erfolgreich verhandeln will, muss eben auch ihre Sitten respektieren. Jedenfalls bin ich raus aus der Nummer. Ich drücke dem Eddy ganz fest meine Raute und werde lächeln und winken, wie mein Vorbild, die Queen.

30.03.2002 Queen Mum stirbt

Liebes Tagebuch, heute ist in England die Queen Mum gestorben. Sie wurde 101 Jahre und damit nahezu doppelt so alt, wie der Schröder heute ist. Leider ist der wiederum auch nur halb so tot. Statistik lügt nicht und zeigt uns: Die Natur ist eben grausam und kennt keine Gerechtigkeit.

22.09.2002 Wahlsieg Rot-Grün

Gerade zurück aus der Parteizentrale. Schröder hat die Wahl gewonnen und bleibt damit weitere vier Jahre mietfrei im Kanzleramt. Ich habe versucht, bei uns mit einem kleinen Scherz die Stimmung zu heben. „Unser Wahlkampfmotor hat halt ein wenig ge- äh ... äh ... äh ... gestoibert." So lustig, also wegen der vielen „Ähs" vom Kandidaten und dann stoibern statt stottern ... Also ich fands saukomisch. Trotzdem hat keiner gelacht. Besonders fies hat der Merz geguckt, der ist mir schon immer unangenehm aufgefallen. Aber dafür gibt es ja nun endlich eine Lösung.

29.09.2002 Wahl zur Fraktionsvorsitzenden

Liebes Tagebuch, seit heute bin ich auch noch die Vorsitzende der Bundestagsfraktion der CDU. Da hat er geguckt, der feine Partei"freund" Merz, als er merkte, dass ihn keiner wiederwählen würde. Diese Männer. Von Intrigen keine Ahnung. Ob es den Spaß allerdings wert war? Jetzt muss ich zur Strafe ständig im Parlament sein, ohne dafür die Ministerbezüge zu bekommen. Der Dings hat auch schon ganz mürrisch nachgefragt, ob ich auch noch die Parteizentrale selber putzen will. „Genosse", habe ich geantwortet, „ich würde nie ehrlichen Werktätigen die Arbeit wegnehmen und bleibe darum in der Politik." Was denkt der sich eigentlich?

26.12.2002 Gedanken zum Jahresende

Liebes Tagebuch, die Zeit zwischen den Jahren ist eine ganz besondere. Auch ich hänge den Gedanken nach. Quo vadis, Angela? Immer nur von Parteiposten zu Parteiposten hangeln, das ist keine Option im Alter. Früher, in der DDR, da war das leichter. Einmal Kader, immer Kader. Haus in Wandlitz und gut is. Warum haben die BRD-Politiker dieses schlüssige Versorgungssystem eigentlich so leichtfertig aufgegeben? Lässt sich das Rad der Zeit zurückdrehen? Vielleicht hat der Große Vorsitzende im Himmel mit mir ja noch viel größere Pläne als nur Parteifunktionär?

Sprich
zu mir,
Oberster
Genosse!

FRIEDRICH MERZ

Werte Angela,
ich könnte dir auf diesem Bierdeckel unser Steuersystem erklären, aber dafür müsstest du etwas von Wirtschaft verstehen. Und zwar nicht von der, wo die Bierdeckel rumliegen.
Deshalb passend zum Briefpapier nur mein Gruß an dich: Sail away!
Friederich der Wüterich

2003

14.03.2003 Schröder stellt Agenda 2010 vor

Liebes Tagebuch, heute aber gab es auf der Arbeit echt mal was zu gucken. GröBaZ Schröder hat seine Agenda 2010 vorgestellt, nach der jeder, der seine Arbeit verliert und nicht um jeden Preis irgendeine andere annimmt, ein asozialer Schmarotzer ist und dafür, so schnell es geht, auf Sozialhilfe herabgewürdigt wird. Ausgedacht hat sich das Konzept ein ehemaliger Manager von VW, ein Kollege Hartz. Den Namen wird man sich merken, da bin ich mir sicher. Jedenfalls steht das S in der SPD nicht mehr für sozial, sondern für Schröder, der Schreckliche. So wie das C in der CDU, das steht jetzt für Angela.

20.03.2003 Einmarsch in den Irak

Der sonst eigentlich ganz nette, vielleicht ein bisschen einfältige Hr. Bush aus den USA hat gerade seine Truppen in den Irak einmarschieren lassen. Er will dort dem Saddam an den Kaftan. Wollte deswegen dem Koffer-Kaufmann Schreiber schon die Telefonnummer vom Weißen Haus schicken, weil er dort sicher ein paar seiner Kalaschnikows loswerden könnte. Wäre doch zu schade, wenn die einfach verrosten. Leider ist er wohl in Kanada und für deutsche Politiker nicht zu sprechen. Selbst schuld!

13.09.2003 Völlers „Weißbierrede"

Habe gerade Fußball geschaut. Dieser lockige Typ, der Bundestrainer ist, hat eine Ansprache gehalten, die zwar überfällig, aber nicht richtig adressiert war. „Ich muss mir ständig diesen Scheiß anhören", hat er gesagt, „und du sitzt hier ganz locker und hast drei Weizenbier getrunken." Hab's mit dem Kassettenrekorder aufgenommen und werde das Band mit der Post an Horst Seehofer schicken. Damit er mal von einem unparteiischen Dritten hört, was man so über ihn denkt. Genosse Dings sagt, Kassetten seien veraltet, warum ich nicht moderne Technologie nutze? Ich habe gefragt, tolle Idee, aber wie soll man, bitte schön, eine Tonaufnahme per Fax verschicken? Dings hat wortlos den Raum verlassen. Typisch!

2004

21.03. 2004 Müntefering wird SPD-Vorsitzender

Heute wurde Genosse Müntefering zum Vorsitzenden der SPD gewählt. Was für ein Mann! So rot. So link. Ach, mit dem würde ich gerne mal was haben. Also eine Regierung. Die Superkräfte des Landes, Raute und Münte, für immer vereint. Aber das wird nie was. Warum kommt so einer wie der nicht einfach zu uns? Bei der CDU sind schon viel döfere Leute viel mehr geworden als nur SPD-Vorsitzender. Aber der Genosse hält sein Amt für das schönste nach dem Papst. Dabei ähnelt das Willy-Brandt-Haus dem Petersdom noch nicht mal mit zugekniffenen Augen!

26.07.2004

Superwitz in der Kantine gehört.
Wie heißen weibliche Polizisten in Deutschland?
Bullette. Und auf Italienisch? Polenta!
Musste ich aufschreiben, so lustig.

18.08.2004 Die Schröders adoptieren ein russisches Kind

Liebes Tagebuch, der olle Schröder hat ein Kind gekriegt. Vom russischen Staatspräsidenten persönlich. Das ist nicht nur Freundschaft, das muss Liebe sein. Auch wenn ich Lebewesen als Geschenk tendenziell eher ablehne, hat mich diese Geste doch tief berührt. Ich hoffe, dass sich S. der Verantwortung bewusst ist und das Kind nicht an einer Tankstelle aussetzt, wie es leider bei vielen unqualifizierten Haltern von Kleinsäugern verbreitet ist.

BERGFÜHRER ALOIS

A fesches Maderl ist sie ja. Also die Baumann Beate, die wo immer mit dir kam. Immer fesch und adrett und alert ist sie gewesen. Aber hier soll es ja um dich gehen, Andschela. (Ich darf dich duzen, denn der Berg kennt kein „Sie".)
Ich werde nie vergessen, mit welchen Worten du dich vorgestellt hast da heroben in Tirols wunderschöner, typischer und idyllischer Bergwelt. Du sagtest, das Zitat sei vom Trenker Luis: „Der Berg äußert mit erhobener Stimme, dass ich mal herkommen soll."
Ich musste mir das aufschreiben lassen, um es zu verstehen.
Dein Skilehrer hat mir übrigens gesteckt, wie er deinen Laufstil immer genannt hat: Nerdic Walking.
Schon besser, du kamst zum Bergsteiger-Alois.
Du hast mir gesagt, dass du dich schon in der Uckermark gerne auf einsame Gipfel zurückgezogen hast. Und in der Politik bist du ja auch auf Gipfeln und dort oben kann es auch sehr einsam und kalt sein, sagt mein Öhi.
Zu DDR-Zeiten hast du ja mehrfach ganze Monate in den Kreidefelsen vor Rügen verbracht, um in Ruhe an deiner Doktorarbeit knobeln zu können. So hast du es mir einmal erzählt, als wir bei einem zünftigen Gewitter im Berg festsaßen. Damals habest du dich oft tagelang nur von Kreide ernährt; das hat dir später in der Politik wohl manchmal geholfen. Was mir imponiert, sind die Weltrekorde, die du anstrebst. Du willst Weltmeisterin im Seitwärtsklettern werden. Das traue ich dir zu. Und erst recht den Titel im Dauerbiwakieren. Wenn du mal in Rente bist, hast du gesagt, dann willst du in deinem Zelt sitzen, bis die Auffaltphase der Alpen zu Ende ist. Ich kann nur auf gut Tirolerisch sagen: „Angela, go for it! Beziehungsweise: Sit for it! Ischgl steht hinter dir! Sitz es aus!"

Servus! Dein Alois

2005

01.02.2005 5 Millionen Arbeitslose

Die neuen sog. „Hartz IV"-Reformen schlagen voll ein. Nicht. Die Genossenschafts-Agentur für Arbeit meldet heute 5 Millionen Werktätige ohne Werkstätigkeit. Und das unter Führung eines waschechten Genossen. Wenn ich den Verlust an Arbeitsplätzen mit Faktor 5 exponential im Modell errechne, erreiche ich das Ergebnis, dass im Herbst 2006 niemand mehr eine bezahlte Beschäftigung haben wird. Das bedeutet, niemand zahlt mehr Steuern. Wenn aber niemand mehr Steuern zahlt, woher kommen dann die Penunzen für meine Bezüge? Die Dinge beginnen mir langsam ernste Sorgen zu machen.

19.04.2005 Wir sind Papst

Liebes Tagebuch, Seine Heiligkeit Ratzinger hat für Deutschland den Papsttitel geholt. Wie er das wohl hingekriegt hat? Wir werden es nie erfahren, denn die Kardinäle lassen sich beim Wahlgang sogar einmauern, damit keiner mitbekommt, wie das die Abgeordneten des Herrn untereinander auskungeln. Da könnte man in der Politik noch Einiges lernen, denn immerhin gibt es die Kirche nun schon fast 2000 Jahre und damit bedeutend länger als jede mir bekannte real existierende Partei. Habe dem Papst bereits geschrieben und einen Parteiwechsel von den Lutheranern zu seiner Vereinigung in Aussicht gestellt, wenn er mich medienwirksam vor der Wahl 2006 seligspricht. Wäre ja kein zu großer Umstand für mich, da am Ende ohnehin alles bei ein und demselben Gott zusammenläuft!

22.05.2005 Schröder kündigt Neuwahlen an

Leider schlechte Neuigkeiten. Schröder will Neuwahlen noch dieses Jahr. Darauf sind wir nicht vorbereitet. Ich habe noch nicht einmal was Vernünftiges anzuziehen. Er glaubt wohl, weil wir noch keinen Kanzlerkandidaten haben, würden wir vielleicht nicht antreten. Naja, jedenfalls, mit seinen Beliebtheitswerten liegt er fast gleichauf mit einem offenen Rücken oder einer Corona-Infektion. Selbst der Stoiber-Edmund könnte gegen den im Moment eine Wahl gewinnen. Oder sollte diesmal ich? Eine Frau als Herr Bundeskanzler? Uiuiuiui, darüber muss ich nachdenken! Das klingt verlockend!

30.05.2005 Erklärung der Kanzlerkandidatur

Liebes Tagebuch, ich hab's getan!
Heute habe ich meine Kandidatur für das Amt des Bundeskanzlers bekanntgegeben. Dieses Amt braucht eine völlig neue Interpretation vor dem Hintergrund meiner Erfahrungen aus den beiden Deutschländern. So eine Art Gesamtstaatsratsvorsitzende. Und Parteitage, die mit römischen Ziffern gezählt werden. Vielleicht kann man später auch die Flagge mal aufhübschen. Vielleicht was mit Zirkeln oder mit einem Hammer. Mal gucken.

18.09.2005 Wahlsieg und Elefantenrunde

Liebes Tagebuch. Liebe Frau Bundeskanzlerin. Kann mich mal einer kneifen? Numero uno. Die First Lady. Wahnsinn! Es war so ein toller Abend mit einer super Kabarett-Einlage vom Schröder, der in der „Elefantenrunde" die drollige These aufstellte, er würde weiter Kanzler bleiben. Eigentlich wollte ich ihn ja bitten, weiter in der Regierung zu bleiben wie so eine Art Geschäftsführer, während ich durch die Welt jette und jeden Regierungschef und sein Land in zweiwöchigen Rundreisen persönlich kennenlerne. Aber nach diesem Auftritt geht das wohl leider nicht.

11.11.2005 Koalitionsvertrag GroKo I

Tschaka, der Koalitionsvertrag mit der SPD ist in trockenen Tüchern. Unser Regierungsprogramm trägt den Titel: „Gemeinsam für Deutschland. Mit Mut und Menschlichkeit". Mein Vorschlag „Wer sich zuerst rührt, verliert" ist leider durchgefallen. Egal. Wir haben eine dufte Truppe zusammen, die SPD hat mit den Mitbürgern Gabriel und Müntefering ihre besten Betonköpfe geschickt. Ich hätte das gerne auch getan, leider gibt es davon bei uns in der CDU zurzeit zu wenige. Aber für das bisschen Regieren reichen auch Schäuble und die Uschi von der Leyen.

22.11.2005 Wahl zur Bundeskanzlerin

„So wahr mir Gott helfe" – und wenn er nicht hilft, ist auch gut. Ich bin jetzt amtlich vereidigte Regierungsleiterin und bääm: Fahrdienst, Riesenbüro mit eigenem Amt und einem Budget für einen eigenen Sherpa, der hier „Chef des Bundeskanzleramts" genannt wird. An den Luxus könnte ich mich gewöhnen. Zeitvertrag für vier Jahre heißt ja nicht, dass man den nicht verlängern kann.

MICHAIL GORBATSCHOW

Moskau, Oktober 2005

Verehrte Angela Chorstowna,

ich beglückwünsche Sie zur Wahl zur deutschen Bundeskanzlerin. Gerne würde ich Ihnen als Zeichen meiner Wertschätzung einen Wimpel der Deutsch-Sowjetischen Freundschaft zukommen lassen, aber momentan habe ich darauf keinen Zugriff. Ich hörte jedoch mit Freude, dass Sie einen solchen Wimpel bereits seit 1976 besitzen. Nach meinen jüngsten Informationen liegt er sogar in derselben Schublade wie neuerdings Ihre Ernennungsurkunde zur Kanzlerin und Ihr FDJ-Hemd. Falls Sie das mal suchen sollten: zweites Fach von oben im Küchenschrank.

Ich muss Ihnen ein etwas Peinliches beichten. Ich hatte lange eine falsche Vorstellung von Ihnen. Kurz vor meiner unfreiwilligen Ablösung durch die wandelnde Wodkaflasche hörte ich erstmals von „Kohls Mädchen". Unser Geheimdienstmann in Dresden berichtete über ungewöhnliche Vorlieben meines Duzfreunds Helmut. Ich habe mich noch geärgert und gedacht: Hätte ich das 1990 schon gewusst, hätte ich mir diese vermeintliche Schwäche für junge Frauen zunutze gemacht und ein paar von ihnen in den Kaukasus schaffen lassen und so vielleicht noch ein paar Milliarden (West) mehr rausholen können, um sie in das bodenlose Fass namens „sozialistische Volkswirtschaft" zu werfen. Ich habe Sie mir also etwa zwanzig Jahre jünger vorgestellt. Aber als ich Sie heute bei der Vereidigung erstmals im Fernsehen sah, konnte ich meine Frau beruhigen. Sie dachte, ich wollte „Bundestag" aus denselben Gründen schauen wie „Fernsehballett".

Apropos: Ich habe mit Freude gehört, dass in deutschen Kinos und auch im Fernsehen häufig Filme über meine verstorbene Frau laufen und dass diese sehr beliebt sind. Bitte teilen Sie Ihren Glasnost-Medien jedoch bei Gelegenheit mit, dass die korrekte Umschrift „Raissa" ist und nicht „Reißer".

Außerdem sollten die Menschen mehr lesen. Puschkin. Gorkin. Lenin. Meinen Sie nicht auch?

Ich hoffe, die Geschichte wird rechtzeitig kommen. Denn wer zu spät lebt, den bestraft das Kommende. Ich glaube fest daran, dass wir beide, Sie und ich, noch einmal die Gelegenheit bekommen werden, eine deutsche Einheit auszuhandeln. Das hat mir damals so viel Freude gemacht!

Ihr Michail Sergejewitsch

2006

16.01.2006 Zum ersten Mal bei Putin in Moskau

Liebes Tagebuch, ich bin jetzt in Moskau. Der neue Hausherr Mitbürger Putin war sehr nett und hatte Verständnis, dass ich den de Maizière alle Speisen und Getränke habe vorkosten lassen. Der Mann ist schließlich vom KGB und wer weiß, was so einer aus Gewohnheit alles tut. Er hat, so gut er kann, Ostdeutsch gesprochen, weswegen ich nicht sicher bin, ob ich alles richtig verstanden habe. Besonders sein Vorschlag, Heringe mit Knöpfen zu machen, hat mich nachhaltig irritiert. Ist das ein EU-Programm?

30.06.2006 Viertelfinale Deutschland-Argentinien 4:2 nach Elfmeterschießen

Liebes Tagebuch, meine Nerven! Gewonnen! Im Elfmeterschießen gegen die Gauchos. Und nur dank meines blitzschnellen Einwirkens. Weil ich unserem Torwart noch schnell einen Zettel mit einer persönlichen Botschaft habe aufs Spielfeld bringen lassen: „Lieber Mitbürger Torwart, wir schaffen das!", stand drauf. Und zack schon hat's geklappt. Den Satz muss ich mir merken. Wenn wir Weltmeister werden, ist das die einmalige Gelegenheit, CDU und SPD bei Nacht und Nebel zu einer Einheitspartei CSD zwangszuvereinigen. Mit der verlässlichen Zweidrittelmehrheit unterm Po kann ich dann in Ruhe meine Lebensplanung bis zur Rente betreiben.

04.07.2006 Halbfinale Deutschland-Italien 0:2

Liebes Tagebuch, ich bin stinkesauer. Meine schönen Pläne für die neue Einheitsbreipartei, alle futschikato. Nur weil der Klinsmann auch gegen Italien nur 11 Spieler aufs Feld geschickt hat, obwohl er wusste, wie gut die sind. Ich bin dann gleich nach dem Spiel runter in die Kabine und habe dem Kollegen gesagt, dass ich ihn nicht mehr in meiner Nationalmannschaft sehen will, weil ich sonst seinen Namen anonym beim Finanzamt melde, seinen Führerschein einziehen lasse und ihn zu Reserveübungen der Bundeswehr einbestelle. So sauer war ich. Dann habe ich auch gleich irgendeinen seiner Mitarbeiter, den mit der Beatlesfrisur und dem traurigen Blick, zu seinem Nachfolger ernannt. Botschaft: Das, was du kannst, Klinsmann, das kann jeder! Sogar der mit dem Mopp auf dem Kopp! Ich bin jetzt jedenfalls bedient und werde mir morgen mal ein paar Minister zum Rapport kommen lassen.

05.09.2006 Spatenstich BER

Liebes Tagebuch, hinten bei Schönefeld beginnt heute der Bau eines neuen Flughafens für Berlin. Zuerst fand ich das spitze, habe dann aber erfahren, dass er nicht nach mir, sondern nach dem ehemaligen Mitbürger Willy Brandt benannt werden soll. Bin ich nicht hingegangen. Die Namenswahl ist eine Frechheit und ich werde Mittel und Wege finden, dass die zuständigen Projektleiter dafür viele Jahre leiden müssen. Noch ist der Flughafen nicht eröffnet, werte Mitbürger! Noch lange nicht!

URSULA VON DER LEYEN

Hannover, im September 2006

Sehr geehrte Frau Dr. Merkel,

in meiner prima Familie ist es üblich, einmal jährlich – anlässlich der Zeugnisse – ein Feedbackgespräch zu führen. Jedes meiner Kinder und sogar mein Mann dürfen mir dann auch einmal ihre Sicht der Dinge darlegen. Ich nehme mir heute dieses Recht auch Ihnen gegenüber heraus, verehrte Frau Bundeskanzlerin.
Das erste Jahr in Ihrem Kabinett war in vielerlei Hinsicht eine Lehre für mich. Eine gute Schule. Offenbar halten Sie mich für ein politisches Leichtgewicht. Sie haben mir das Gedöns-Ressort gegeben – mit der Begründung, ich mit meinen zwölf Kindern sei dafür doch ideal geeignet. Ich möchte Sie in diesem Zusammenhang erneut darauf hinweisen, dass ich lediglich sieben Kinder habe. Das sind aber unbestritten mehr als Sie. Ich hoffe, die Tatsache der Mutterschaft steht nicht zwischen uns? Auf die Erwähnung meiner großartigen Familie und des Kindersegens, der mir beschert wurde, reagieren Sie oft etwas ungehalten, scheint mir. Mein Vater Ernst Albrecht hat 1980 bekanntlich versucht, für die CDU die Kanzlerkandidatur zu erlangen. Kann es sein, dass Sie Ähnliches auch von mir befürchten? Ich spüre ein gewisses Grundmisstrauen, das Sie mir gegenüber hegen. Ich bitte Sie jedoch, auf „Sippenhaft" jeder Art zu verzichten. Wenn ich Sie einmal herausfordere, dann aus eigenem Recht, so wie es Frauen heute zusteht.
In der deutschen Politik ist es leider üblich, missliebige Konkurrenten entweder ins unregierbare Verteidigungsministerium zu versetzen und so zu erledigen oder sie nach Brüssel abzuschieben. Falls Sie dergleichen auch mit mir erwägen sollten: Mein Vater hat mich seinerzeit vorausschauend vom Europäisch-Unterricht befreit, damit mir dieses Schicksal erspart bleibt. Ich kann also kein Ausländisch. Und ich habe als junge Frau den Wehrdienst verweigert. Dies nur als Hinweis – die üblichen Abschiebetüren sind versperrt.

Auf weiterhin gute und vertrauensvolle Zusammenarbeit!

Ihre Ursula von der Leyen

2007

06.06.2007 G8-Gipfel in Heiligendamm

Liebes Tagebuch, heute war Klassentreffen der Weltpolitik bei uns gleich vor der Haustür in Heiligendamm. Das war bitter nötig, weil Dings sich in letzter Zeit sehr über meine ständigen Auslandsreisen beschwert und sich zuletzt auch geweigert hat, den Garten alleine in Ordnung zu bringen. Es sind alle Mitbürger Staatspräsidenten gekommen, was ich dem wachsenden Interesse des westlichen Auslands an meinen Wurzeln geschuldet sehe. Um den Kollegen zu zeigen, wie wir früher in der DDR mit Problemen aus der Bevölkerung umgegangen sind, habe ich einfach mal kurzerhand ein paar Grundrechte rund um unseren Tagungsort aufgehoben, zum Beispiel dieses überflüssige Versammlungsrecht. Alle waren schwer beeindruckt und möchten so was in Zukunft auch gerne irgendwann mal ausprobieren. Nur Putin wirkte gelangweilt.

19.06.2007 Klaus-Jürgen Wussow („Schwarzwaldklinik") stirbt

Heute ist nach der D-Mark mit Professor Brinkmann ein weiteres, wichtiges Stück „Drüben" von uns gegangen. Wollte dreitägige Staatstrauer anordnen, wurde aber vom Kabinett daran gehindert. Es gibt einfach zu viele Wessis unter den Ministern, die nie erleben mussten, was es heißt, mit miesem Empfang die „Schwarzwaldklinik" anzusehen. Werde bei Gelegenheit eine Studie in Auftrag geben, die den Einfluss der Sehnsucht nach störungsfreiem Westfernsehen auf den Fall der Mauer neu beleuchtet.

23.09.2007 Besuch des Dalai Lama in Berlin

Liebes Tagebuch, heute hat uns der Dalai Lama besucht. Wäre der Chef des Protokolls nicht dagewesen, ich hätte dem fast 10 Euro zugesteckt und ihn zur Tür begleitet. Ich meine, so schlampig gekleidet ist ja noch nicht mal der Wolfgang Thierse, der olle Zausel. Mitbürger Lama war dann aber sehr nett, hat viel gelacht und dabei die Hände so merkwürdig gegeneinander gepresst, dass er keine Raute damit bilden konnte. Es ist erstaunlich, wozu ein Körper durch die Kraft der Meditation imstande zu sein scheint.

PAPST BENEDIKT XVI

Rom, A.D.2007

Oh verlorene Schwester!

Gott hat mir die Last auferlegt, mich zu Ihnen zu äußern. Zu einer Protestantin. Zu einer Geschiedenen. Zu einer Wiederverheirateten. Zu einer Ostdeutschen. Zu einer Person, die ihre Grenzen als Frau nicht kennt und nach irdischer Macht strebt, statt dem Beispiel der Jungfrau Maria zu folgen.

Was für eine Prüfung auf meine alten Tage!

Ich will mich aber konzentrieren auf die geistigen Grundlagen Ihrer Politik. Auf die fehlenden geistigen Grundlagen, sollte ich sagen. Sie haben Physicis studiert. Nicht von ungefähr haben viele meiner Amtsvorgänger auf dem Stuhl Petri dies Fach wie alle moderne „Naturwissenschaft" als Häresie verworfen. Ein unguter Zeitgeist hat die gottlosen Natursezierer zwar aus der Verdammnis befreien wollen, aber ich bleibe dabei: Die Formel, in der das große G fehlt, hat keinen Wert. Was also ist die geistige, die sittliche Substanz Ihres Wirkens? Woran orientieren Sie sich? Und suchen Sie vor einer schweren Entscheidung das Gespräch mit Gott? Mit dem Baumeister der Welt statt mit Frau Baumann?

Wenn Ihnen die Sprache des Gebets fehlt und Sie den wässrigen Rat ihrer ketzerischen Lutherpriester verständlicherweise meiden: Es gibt in unseren Reihen den einen oder anderen tüchtigen Philosophen, der um die Grenzen aller Menschen weiß, die Gott verleugnen. Einige dieser Denker schmachten momentan in weltlichen Kerkern, nur weil sie sich der jüngsten und liebebedürftigsten Mitglieder unserer Kirche besonders zärtlich angenommen haben. Wenn Sie sich schon aus Opportunismus nicht zu einer Beendigung dieser widerrechtlichen Verfolgung durchringen können – schreiben Sie doch einem dieser Märtyrer einmal einen Brief und treten Sie mit ihm in einen theologisch-philosophischen Dialog ein. Es wird beiden Seiten ein Segen sein.

Gott kann nicht mit Ihnen sein. Ich bete dennoch für Sie.

Benedikt XVI. (Pontifex maximus)

P.S. Ganz im Vertrauen und nur unter uns: Wäre bei der Ehe für alle etwas zu machen? Ich möchte meinen ... Gefährten ungern völlig unversorgt hinterlassen.

2008

18.09.2008 Beginn der Weltfinanzkrise

Liebes Tagebuch, kaum geht man es etwas entspannter an und lässt den Dingen einfach mal ihren Lauf, sind auf einmal die Tage des Kapitalismus endgültig gezählt. Heute ist an der Wall Street eine Bank pleitegegangen. Ein Ereignis, so surreal, wie es höchstens eine Wahlniederlage der SED in der DDR gewesen wäre. Habe den Steinbrück von unserer Vereinskasse befragt und bin nun sehr erschreckt. Die Mitbürger von der „Lehman Brothers"-Bank waren wohl eher so etwas wie Altlastenhändler, die ihren Müll einfach ein bisschen golden angemalt haben, um ihn besser loszuwerden. Jetzt ist der Lack ab und überall liegt nun der Schrott herum. Ärgerlicherweise auch bei unseren deutschen Banken, die obendrein auch noch eigenen Unrat im Keller haben. Am schlimmsten ist: Das Geld, das andere für den Müll bezahlt haben, gibt es gar nicht! Es steht nur im Computer. Offenbar ist keiner so reich, wie er tut. Im Gegenteil, alle haben irgendwie nur Schulden und können die niemals zurückbezahlen. Kapitalismus: Reichtum ohne Besitz. Ein lupenreines Paradoxon. Oder Sozialismus pur? Werde später beim Kohlrübeneintopf darüber nachdenken.

03.10.2008 Garantie für private Spareinlagen

Da stellt sich doch tatsächlich heute heraus, dass die Dinge noch viel schlimmer als schlimm sind. Mitbürger Steinbrück hat mir verraten, dass sich die meisten europäischen Staaten den Euro noch nie leisten konnten.

Habe ihm darum vorgeschlagen, europaweit zur D-Mark zurückzukehren und jedem EU-Mitbürger ein Begrüßungsgeld zu zahlen. Das hat doch schon mal funktioniert. Angeblich ist das nicht umsetzbar, sagt der. Deswegen versprechen wir den Mitbürgern, dass ihre Sparguthaben sicher sind. Bevor die alle das Geld abheben wollen und merken, dass es gar nicht genug davon gibt. Ich bin doch immer wieder überrascht, wie klaglos sich die Leute verhohnepiepeln lassen! Ich bin sicher, im Grunde wollen die Mitbürger gegängelt werden. Wie früher, nur mit Reisefreiheit und Westgeld. Da muss doch was zu machen sein!

04.11.2008 Obama wird US-Präsident

Jaaaaa! „Yes we can"-Mitbürger Obama hat die US-Wahl gewonnen. Er und seine Familie sehen ein bisschen aus wie aus der Serie „Die Bill Cosby Show", die sogar wir immer heimlich hinter dem Eisernen Vorhang geschaut haben. Ich freue mich schon, Sie alle kennenzulernen. Vielleicht haben Sie ja eine kleine Nebenrolle für mich im Weißen Haus? Als Tante Gouvernante zum Beispiel. Streng und freudlos gucken ist schließlich ein echtes Softskill von mir.

JOSEF ACKERMANN

13. September 2009

Liebe Gela,

hihi, jetzt haben sie's endlich gemerkt. Ich bin ja inzwischen einundsechzigeinhalb – und jetzt kommen die Pressepinscher und empören sich über die Geburtstagssause letztes Jahr bei dir im Kanzleramt. Hab ich gerade „bei dir" geschrieben? Ja, ich bin eben charmant. Und binde dir deshalb nicht dauernd auf die Nase, dass mir der ganze Bums doch sowieso gehört. Es war ein großer Spaß, zu Gast in meinem eigenen Haus zu sein. Fast wie eins dieser Rollenspiele, die wir zu Fasching im Vorstand manchmal … na, lassen wir das. Das Essen war jedenfalls echt o. k. Und die witzige Tischdeko mit den Erdnüssen erst! Hab ich natürlich sofort Hilmar Kopper reingerieben, dass es mal wieder Peanuts gab.
Ach so, deine Beate soll mir übrigens endlich mal die Getränkerechnung schicken. Dass ich die übernehme, ist Ehrensache. Ich würde mich schämen, mir vom Staat den Schampus bezahlen zu lassen. Ich kann das ja von der Steuer absetzen. Politische Landschaftspflege, du weißt schon. 😉
Übrigens hab ich 'ne Wette laufen: Meinen siebzigsten Geburtstag feiere ich in Washington. Da arbeite ich an der Eroberung einer weiteren schicken Immobilie. White House, you know? Wir haben da diesen Kunden in New York. Immobilienriese. Als Person ist der Mann eine Katastrophe, aber wir wollen ihn als Obama-Nachfolger aufbauen. Ich sach mal so: fingers crossed! Und dann sollte er ein paar Dinge so drehen können, dass er danach endlich seine Schulden bei uns bezahlen kann. Wenn das nicht läuft, müssten wir mal wieder dich anpumpen. Obwohl ich es ja hasse, auf diese peinlichen kleinen Bundesscheinchen angewiesen zu sein.

Ach, Gela! Ich hab mich inzwischen echt dran gewöhnt, dass du unter mir Kanzlerin bist. Also mach weiter! Meinen Segen hast du. Viel Glück bei der Wahl in zwei Wochen! Soll ich dir schon mal die Ergebnisse …? Ach nein, es soll eine Überraschung sein. Ich sage nur: „Sah ein Knab ein Rösler steh'n".

Dein Josephus

2009

02.03.2009 Abwrackprämie

Liebes Tagebuch, endlich konnte ich wieder Not da lindern, wo sie am größten ist, nämlich bei unserer Autoindustrie. Wenn die Menschen nur sehen könnten, wie verzweifelt diese Leute sind. Brechen weinend über der Himbeerschaumspeise zusammen und kriegen den Chateau Petrus kaum runter, obwohl SIE ihn bestellt und ICH ihn bezahlt habe. Ich habe darum gesagt, o.k., jeder, der ein neues Auto kauft und sein altes verschrottet, da tut der Staat etwas dazu. Nur umweltfreundlich muss es sein. Die Herren von der Autoindustrie waren erst empört, was sie denn bitte schön mit der blöden Umwelt zu schaffen hätten, haben dann aber eingelenkt und gesagt, dass sich das abgastechnisch sicher einrichten lässt. Ob da auch nur ein Winterkörnchen Wahrheit dran ist?

25.06.2009 Tod von Michael Jackson

Heute wieder traurige Nachrichten. Mitbürger Michael Jackson ist gestorben. Ich mochte seine Lieder sehr, besonders „Yesterday" und „I'm only sleeping" sind Songs, die für mich nicht nur Erinnerung, sondern auch Lebensmotto sind. Ich werde einen Kranz zu seiner Villa „Graceland" schicken, wo er so viele Jahre gelebt hat. Ruhe in Frieden. Dein Trompetenspiel wird fehlen.

27.09.2009 Kanzler again!

Liebes Tagebuch, ups, I did it again. Cheers, Frau Bundeskanzlerin. Auf weitere vier Jahre. Dieses Mal aber ohne die Mitbürger Genossen von der SPD, denen ich es offen gesagt übelnehme, einen eigenen Kandidaten aufgestellt zu haben. Selbst wenn es nur der Steinmeier war. Ich rede jetzt erst mal mit den netten Leuten von der FDP. Der lustige Guido bringt bestimmt gute Stimmung in die Bude.

2010

10.03.2010 Euro-Krise

Die Katze ist aus dem Sack: Die ollen Griechen haben keine Mittel-Meer! Haha, der ist lustig, den erzähl ich dem Juncker, der lacht nämlich über jeden Scheiß. Außer über seinen beknackten Akzent, da versteht er keinen Spaß. Männer! Habe dem Präsident der Griechen am Telefon den Tipp gegeben, mal einfach bei uns im Kabinett anzurufen und nach Uschi zu fragen. Vielleicht kann er sich ja was von der Leyen? Haha, so gut! Wirklich, seit ich diese Panzerschokoladen-Diät mache, haue ich einen nach dem anderen raus.

29.05.2010 Lena gewinnt den Eurovision Song Contest

Liebes Tagebuch, da soll noch einmal einer sagen, die Deutschen mag in Europa keiner mehr. Jetzt haben wir sogar diesen Eurovision Song Contest gewonnen. O.k., ich habe das Außenministerium angewiesen genau zu schauen, aus welchen Ländern welche Punkte kommen, damit wir da ggf. im Rettungsschirm nachsteuern können. Aber gewonnen ist gewonnen, da will ich mal nicht so sein. Ist ja ohnehin nicht mein Geld.

05.09.2010 Laufzeitverlängerung für Atomkraftwerke

Ich habe heute einfach mal was Gutes für die Umwelt getan und die Laufzeit der Atomkraftwerke verlängert. Wir müssen was für die Luft tun und Atomeverbrennen hinterlässt nun mal keine Stickoxide. Das sehen die Herren von den Energieverbänden auch so. Es gab viel Applaus und zum Kaffee servierte jemand Arbeitsplätzchen mit dem RWE-Logo darauf. Süß.

19.12.2010 Besuch in Kundus

Heute zum Jahresabschluss noch mal mit Karl-Theodor eine kurze Ausfahrt nach Kundus. So ein gebildeter Mann. Und so gut aussehend. Afghanistan ist herrlich im Winter, wenn man nicht zu lange dort bleiben und im Zelt übernachten muss. Werde den Mitbürgern Soldaten noch einmal versichern, dass sie in einem Krieg sind und nicht in einem RTL-II-Bootcamp. Sicher ist sicher, heutzutage.

Gerade entdeckt: Hier haben ein paar Leute was reingeschrieben. Mitten im Album. Sie wollten wohl nicht, dass ich das sofort entdecke. Kinder!
Mal schauen, wie die Seite sich so entwickelt. Ich mach mal ein Eselsohr rein. To whom it may concern.

Aber du hast doch gesagt, dass ich deine Nachfolge ...!

- Friedrich Merz, 2002 ☑
- Roland Koch, 2005 ☑
- Christian Wulff, 2010 ✓
- Karl-Theodor Maria Nikolaus Johann Jacob Philipp Franz Joseph Sylvester Buhl-Freiherr von und zu Guttenberg, 2011 ☑
- Norbert Röttgen, 2012 ✓

Annette Schavan, 2013

Wolfgang Schäuble, 2013

Thomas de Maizière, 2017

Ursula von der Leyen, 2019

Jens Spahn, 2021

01.03 2011 Guttenberg tritt zurück

Liebes Tagebuch, es gibt Tage, da mag man nicht mehr. Mein Karl-Theodor, mein Kronprinz, ist heute zurückgetreten. Wegen Plagiaten in seiner Doktorarbeit. Der Mann, dessen Familie den Buchdruck erst ermöglicht hat, soll aus anderen Büchern abgeschrieben haben? Und überhaupt, wenn ja, was wäre so schlimm daran? Ich kopiere ja auch ausschließlich, was die Mitbürger Kohl und Schröder hier hinterlegt haben, aber in der Politik heißt das dann „Kontinuität". Die Welt ist einfach nicht gerecht!

11.03.2011 Fukushima

Kernschmelze in Fukushima, einem japanischen Atomkraftwerk. „Das Werk von Godzilla" heißt es in einer SMS vom Vattenfall-Vorstand. Das glaube ich nicht. Und wenn doch, was passiert, wenn Godzilla nach Deutschland kommt? Und Brokdorf angreift? Das ist mir zu gefährlich. Ich lasse die Dinger jetzt abstellen. Strom kommt schließlich noch reichlich aus den Steckdosen!

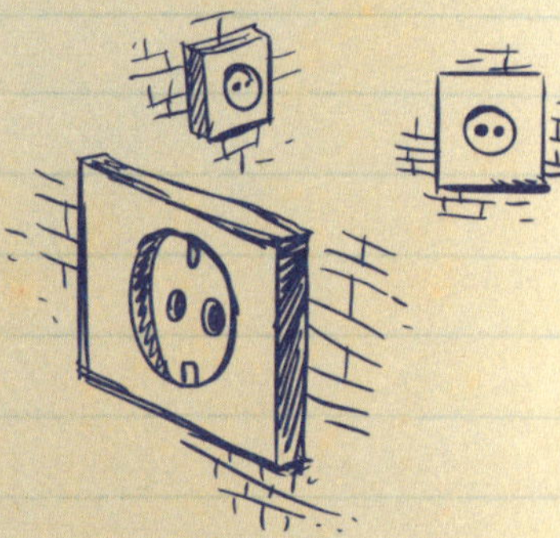

03.06.2011 Troika

Liebes Tagebuch, laut der Milchmädchen-Rechnung der Troika haben die Griechen gut gewirtschaftet und bekommen dafür neues Geld aus dem Rettungsschirm. Wie zu erwarten, haben die Olivenöl- und die Ziegenkäse-Industrie den Riemen auf die Orgel gelegt und Umsatzsteigerungen in

Milliardenhöhe erreicht. Ich sage zum Mitbürger Juncker: „Jean-Claude", sage ich, „welche Märchen willst du den Leuten denn noch verkaufen?" Er sagt, er habe gerade eine Preview eines Films namens „Contagion" gesehen, irgendwas mit Viren und totaler Kontrolle. Er schickt mir eine VHS. Ich bin schon sehr gespannt!

30.06.2011 Atomausstieg

Nimm das, Godzilla! Bis 2022 werden in Deutschland alle Atomkraftwerke ABGESCHALTET. Du kannst also getrost woanders Strommasten umknicken, du Mistvieh! Weil ich das Gejaule der Stromriesen deswegen nicht mehr ertragen konnte, habe ich denen ein paar Milliarden versprochen. Werden schon in irgendeinem Rettungsschirm am Ende übrig sein.

01.07.2011 Aussetzung der Wehrpflicht

Liebes Tagebuch, der Segen einer soliden wissenschaftlichen Ausbildung ist die Fähigkeit, logische Schlussfolgerungen zu ziehen. Weil wir nun keine AKWs mehr haben, die vor Godzilla beschützt werden müssen, die Faktoren A und G also gegen null streben, brauchen wir viel weniger Soldaten für unsere Sicherheit. Vor diesem Hintergrund ist die Aussetzung der Wehrpflicht eine logische, ja alternativlose Entscheidung, die vielleicht nicht jeder versteht. Es hat aber eben auch nicht jeder einen Doktor in Physik.

FREIHERR VON, ZU UND BEI GUTTENBERG

Berlin, im März 2011

Verehrte Frau Merkel,

nein, ich räume mein Zimmer nicht auf! Sie sind nicht meine Gouvernante! Die hat nämlich einen Adelstitel.

Sie haben mir schließlich grünes Licht dafür gegeben, die Wehrpflicht abzuschaffen (was Ihre ehemaligen Genossen sicherlich sehr gefreut hat; der MAD hat mich ja auch immer wieder gewarnt vor Ihnen). Dafür, dass ich dabei andere Dinge zeitweilig ein wenig aus dem Blick verloren und die Bundeswehr ein bisschen zugrunde gerichtet habe, übernehme ich doch jetzt nicht die Verantwortung! Es heißt doch immer: Eltern haften für Ihre Kinder – nicht wahr, Mutti?

Im Übrigen warne ich davor, dass andere einmal mein Werk vollenden und die Lorbeeren ernten wollen. Ich würde das als Diebstahl geistigen Eigentums betrachten und entsprechend juristisch reagieren.

2012

23.01.2012 Schlecker-Insolvenz

Liebes Tagebuch, wo soll das alles nur enden? Heute hat der Drogerie-Discounter Schlecker Insolvenz angemeldet. Ein furchtbarer Verlust, vor allem für mich persönlich. Ich war dort so gerne, wenn ich mich nach den guten, alten Zeiten sehnte. Nirgends sah der Westen mehr aus wie die DDR als in den Geschäften von Schlecker. Wie im Konsum, nur mit Waren eben. Jetzt mit den leeren Regalen ist es aber womöglich noch authentischer. Vielleicht ist das ein Fall für den Denkmalschutz, und die Kassiererinnen können als Museumsmitarbeiterinnen bleiben?

17.02.2012 Rücktritt Wulff

Liebes Tagebuch, mit der Auswahl meiner Bundespräsidenten mache ich irgendwas verkehrt. Eben erst der Köhler Horst und jetzt gibt Christian Wulff mitsamt seiner flotten Betty auf. Wegen bezahlter Urlaube und irgendwelcher Partys. Jedenfalls fehlt wieder Ersatz. Schäuble schaut schon so waidwund, aber den brauche ich auf der Arbeit als Wadenbeißer, sonst tun die ja alle gar nichts mehr, falls ich mal nicht da bin. Der Gauck von der Stasi-Behörde hätte Lust, hat aber bei der letzten Wahl mit den Verrätern aus der SPD gekungelt, steht darum bei mir in Ungnade und ist für alle Ewigkeit ein Unberührbarer.

19.03.2012 Gauck wird Bundespräsident

Was sagt man dazu? Hat der Gauck doch tatsächlich die Wahl gewonnen. Ein offener Affront gegen mich, die herrschende Kanzlerin. Wollte erst das Gebäude von Soldaten umstellen lassen, bis mir einfiel, dass wir ja kaum noch welche haben, wegen der ausgesetzten Wehrpflicht. Ein alternativloses Dilemma. Bei genauerer Betrachtung wird die BRD jetzt von zwei angeblich reformfreudigen Bürgern der DDR geführt. Da wäre jeder Führungsoffizier früher stolz drauf gewesen.

06.09.2012 Die EZB beschließt den Ankauf von Staatsanleihen

Liebes Tagebuch, ich habe heute Morgen ein Wunder gesehen. Ein Wunder zwischen zwei Aktendeckeln. Eine Offenbarung, wie sie der Mitbürger Draghi gestern vom Hl. Nikolaus persönlich erhalten haben will, dem Schutzpatron der Banker und Betrüger. Mitbürger Draghi hat beschlossen, mit Geld, das es nicht gibt, Schulden zurückzukaufen, für die seine Bank Geld verliehen hat, das es ebenfalls nicht gibt. Es ist ein so mächtiger Eingriff in die Matrix, dass ich zuerst die Entstehung eines Schwarzen Lochs fürchtete, das uns dann alle verschlingt. Das wird auch geschehen, sagt Mitbürger Draghi, dann sind wir aber alle schon in Rente. Unsere Kinder würden davon verschluckt, aber da ich ja keine Kinder habe, muss mich das nicht weiter beschäftigen. Endlich mal wieder eine zufriedenstellende Lösung!

09.10.2012 Besuch in Athen

Wollte den griechischen Freunden beim Staatsbesuch heute vom Wunder von Draghi erzählen, kam aber kaum zu Wort. Alle fielen über mich her. Als hätte ich den ganzen Schlamassel angefangen. Sogar mit einem Hitlerbart haben sie mich deswegen in Griechenland auf einem Magazin gezeigt. Dabei gehe ich regelmäßig zum Waxing!

BETTINA WULFF

Noch im Schloss, Februar 2012

Und ich dachte wirklich, Sie als Frau wären solidarisch und würden meinen Mann und damit auch mich und unser Bobbycar nicht fallenlassen!

Ich bin bitter, bitter enttäuscht von Ihnen, Frau Merkel!

Sie werden bald in der Zeitung sehen, neben welches Tattoo ich mir „A.M." stechen lasse.

Das haben Sie dann davon!

WOLFGANG SCHÄUBLE

Berlin, im März 2012

Liebe Angela,

wir konnten immer offen miteinander sprechen – auch dann, wenn wir uns gerade gegenseitig ein Messer in den Rücken gerammt hatten. Diese Vertrauensbasis habe ich immer geschätzt; selbst im Jahr 2000, als wir gemeinsam endlich den Helmut entsorgt haben – und du mir dann kalt lächelnd diese Schreiber-Sache angehängt und mich auf dem Standstreifen überholt hast. Sogar da habe ich deine Skrupellosigkeit bewundert und gedacht: „Schau an, Wolli, deine Ossi-Schülerin macht sich. Die wird mal was."

Aber nun ist es genug. Das Maß ist mal wieder voll.

2004 hatten wir eine Mehrheit in der Bundesversammlung. Ich ... äh ... stand bereit als Nachfolger für den Barmer Gefühlssozi. Und ich hatte in dieser Zeit kein wichtiges Ministeramt. Ich hatte Zeit, ich hatte Bock und ich hatte starke Unterstützer in der Partei. Und wen schiebst du nach vorne? König Horst den Beleidigten. Köhler! Statt Schäuble! Da hätten wir ja gleich Rau behalten können.

Als der Köhler dann 2010 beleidigt davonlief, war ich erneut bereit. Du erklärtest mir, ich sei als Finanzminister unabkömmlich, wegen Finanzkrise und so. Ich bot dir meinen Rat bei der Auswahl des Nachfolgers an. Und wen zauberst du aus dem Hut? Den Escort-Boy der deutschen Politik! Hattest du damals ernsthaft Angst vor dem bösen Wulff? Dass der dein Nachfolger ...?! Ich schüttle bis jetzt den Kopf.

Und dann, letzten Monat, setzt Wulff sein Bobbycar erwartungsgemäß gegen den erstbesten Baum – und ich denke wie die gesamte Partei, dass ich jetzt wirklich dran bin. Und was machst du? Nimmst diesen Pastor, den dir die SPD als geeignet vorgegaukelt und vorgekaut hat. Was sollte das denn sein? Ostalgie? Vaterkomplex? Blackout? Was ich dir wirklich übelnehme, Angela, ist nicht, dass ich nicht Präsident geworden bin. Das sehe ich sportlich. Reisen ist sowieso zu anstrengend für mich. Und diese Sommerfeste im Park nerven auch, wegen meines Heuschnupfens. Aber du hast das wichtige Amt des Bundespräsidenten hinabgezogen auf das Niveau der Parteipolitik und Koalitionstaktiererei. Und exakt das hatte ICH doch vor. Du hast mich einmal zu oft rechts überholt.

Jetzt hoffst du, ich würde zurücktreten, oder? Falsch gedacht. Ich hab mir was viel Fieseres ausgedacht. Ab sofort gilt die schwarze Null. Und Schuldenstopp. Egal, was kommt. Leih dir die Kohle, wo du willst – von mir kommt nix mehr. Du kannst ja Herrn Köhler fragen. Der hatte doch mal 'ne Bank. Hehe!

Dein Wolfgang

AOL

URKUNDE

Sehr verehrte Frau Bundeskanzlerin

DR. ANGELA MERKEL

Mit großer Freude und Aufregung und mit dem Ausdruck allerhöchster Hochachtung verleihen wir Ihnen hiermit die

EHRENBÜRGERWÜRDE

unseres noch jungen Staates. Ihr Land ist – nach Andorra und Lummerland – erst das dritte, zu dem unser Neuland diplomatische Beziehungen aufnehmen durfte. Und Sie sind die allererste Ehrenbürgerin unseres kleinen Reichs. Das erfüllt uns mit sehr großem Stolz.

Die Ehrung wird in den kommenden Tagen durch Seine Exzellenz Konsul **Boris Becker** vorgenommen werden. Er wird Sie im Bundeskanzleramt aufsuchen und möglicherweise eines dieser neuartigen „Computergeräte" mitbringen, damit Sie sich einmal einen Eindruck verschaffen können.

Sie erkennen Exzellenz Boris daran, dass er nach dem Passieren Ihrer Sicherheitskontrolle fragen wird: „Bin ich schon drin?"

Mit allerbesten, digitalen Grüßen:

Silicon Valley, 2012

Tiberius A.O.L. Kirk
(Präsident vom Internet)

P.S. Bitte vermeiden Sie künftig, uns in der Öffentlichkeit als „Internat" oder als „Inter Mailand" zu bezeichnen. Das legt die Latte dann doch zu hoch. Wir bleiben bescheiden.

2013

17.01.2013 Selbstanzeige von Uli Hoeneß

Liebes Tagebuch, wie hilflos die Mitbürger der Krankheit Kapitalismus ausgesetzt sind, stand gerade in der Zeitung. Hoeneß hat sich heute wegen Steuerhinterziehung selbst um einen Therapieplatz in einer JVA bemühen müssen. Ein Mitbürger, der alles hat! Eine Freikarte für alle Spiele des FC Bayern München! Mehr Gratis-Grillwurst, als ein Einzelner jemals auf einem Webergrill verbruzzeln könnte, und wenn der noch so groß wäre! Und trotzdem kriegt er den Hals nicht voll. Wenn keiner hier mehr Geld hätte und es nichts mehr zu kaufen gäbe, wäre die Welt eine bessere, wie früher, auf der besseren Seite des Schutzwalls! Du musst in dich gehen, Angela. Dein Weg ist noch lange nicht zu Ende!

14.04.2013 Gründungsparteitag AfD

Liebes Tagebuch, heute ist extra wegen mir eine eigene Partei gegründet worden. Leider ist diese Partei komplett gegen mich und nennt sich deshalb „Alternative für Deutschland", weil meine alternativlosen Entscheidungen nicht alternativlos seien. Dabei fehlt für diese Behauptung jede wissenschaftliche Evidenz! Gründer ist ein verrückter Professor, der etwas gegen den Euro und die Rettungsschirme hat. Er weiß wohl nicht um die Offenbarung des Mitbürger Draghi oder, noch schlimmer, er ist ein Ungläubiger. Jedenfalls zieht diese Truppe zwielichtiges Volk an. Habe mal nachgeguckt, wer gerade Innenminister ist. Ein Mitbürger

Friedrich, nie gehört. Werde mir jemanden Härteren suchen müssen. Clint Eastwood vielleicht. Oder Chuck Norris. Oder gleich Otto Schily zurückholen?

09.06.2013 Whistleblower Snowden gibt sich zu erkennen

Da hat sich doch heute jemand als Verbreiter von Beweismaterial bekannt, das zeigt, dass die amerikanischen Geheimdienste wirklich überall ihre neugierigen Lauscher hineinhalten. Ein gewisser Snowman Snowden. Ich hätte es nie für möglich gehalten, dass Geheimdienste so etwas tun. Außerdem wünsche ich mir ein Einhorn in Regenbogenfarben. Also wirklich. Was steht denn als Nächstes in der Zeitung? Immobilienhai wird US-Präsident?

19.06.2013 Obama vor dem Brandenburger Tor

Heute was Barack in the house und hat ein Speach before the Brandenburger Tor gehalten. It was so cool, obwohl wir Probleme hatten, ihn davon zu überzeugen, dass es obsolet ist, den Abriss der Mauer zu fordern. Auch „Ick bin ooch ein Berliner" ist keine Option gewesen, weil das ja inzwischen für „Arm, aber sexy" steht. Bei der Pressekonferenz hat wieder jemand mit diesem merkwürdigen Internett angefangen. Habe gesagt, dass das ja wohl für uns alle Neuland ist. Alle haben gelacht. Mir egal. Um dieses Internett kann sich mein Nachfolger kümmern. Irgendwann einmal.

22.09.2013 An Tagen wie diesen

Liebes Tagebuch, ich wusste es! Meine Kanzlerschaft ist und bleibt alternativlos. Meine kleinen gelben Helfer von der FPD sind nun leider vom Wagen gefallen. Ich hatte ihnen und ihrem Wahlergebnis zu Ehren für die Siegesfeier ein Lied der Band „Die Toten Hosen" ausgewählt, aber den Mitbürgern Rösler und Westerwelle war nicht nach Singen zumute. 4,8 % sind ja auch zu wenig Umdrehungen, um in Stimmung zu kommen. Egal, jetzt dürfen halt die Sozis wieder mitmachen. Ist ja ohnehin schnuppe, wer unter mir die Ministerbezüge einstreicht. Habe im Schreibtisch die Skizze von Mitbürger Kohls Vision einer neuen Hauptstadt wiedergefunden, „Kohl-O-Polis". Falsche Person, aber richtiger Gedanke! „Las Angelas", DAS wäre ein Name für eine neue Metropole. Man muss sich ja immer neue Ziele setzen!

24.10.2013 Mein Handy wird abgehört!

O Gott, ist das peinlich. Der NSA hat mein Dienst-Handy abgehört. Obwohl das laut Hersteller gar nicht geht. Wenn die alles notiert haben, was ich meiner Büro-Beate über Barack und sein Hinterteil vorgeschwärmt habe! Habe mich beim Kundendienst von Blackberry über das Sicherheitsleck beschwert, aber nur eine amerikanische Flagge mit lachendem Uncle Sam als Bildbotschaft zurückbekommen. Und ein Foto von meinem persönlichen Mitbürger Dings unter der Dusche. Na, dankeschön auch!

16.12.2013 Gabriel wird Vizekanzler

Mein nächster Versuch zur Gründung einer nationalen Einheitspartei ist startbereit. Um bei den Sozis mehr Begeisterung zu wecken, habe ich ihrem derzeitigen Vorsitzenden, dem Mitbürger Gabriel, den putzigen Titel „Superminister" verliehen, als Chef von Energie und Wirtschaft. Als gäbe es irgendein Ressort von Bedeutung außer dem des Kanzlers und der Geldschatulle, auf der Mitbürger Schäuble gerade sitzt. Nun denn, frisch ans Werk. Es gibt noch viel zu tun, warten wir es ab!

GUIDO WESTERWELLE

Berlin, im Herbst 2013

Tja, liebe Angela: Das war's mit uns. Du hast gewonnen. Und uns aus dem Bundestag gekegelt. Taktisch schlau – aber auch politisch klug? Jetzt heißt es für dich: „Über sieben Steinbrücks musst du gehen." Dennoch danke ich dir für die Zusammenarbeit. Und für deine Unterstützung im Persönlichen. Das tat meinem Mann und mir sehr gut. Entschuldigen muss ich mich für Rösler. Das war ein Fehlgriff. Na ja, kommt vor. Du hast uns ja auch Mr. Zwölf Vornamen beschert. Da steht es also unentschieden.

Eine Warnung noch: 2017 mit Lindner? Niemals! Der traut sich nicht. Wenn er merkt, dass es ernst wird mit der Verantwortung, steht er notfalls kurz vor Schluss auf und geht. Ich hab mal mit dem Tischtennis gespielt. Als er merkte, dass er einfach zu langsam war, hat er beim Stand von 3:19 die Kelle hingeschmissen und gesagt: „Es ist besser, nicht zu reagieren als schlecht zu reagieren." Ich kann dich also nur warnen. Auch wenn du dann wieder die Schnarchialdemokraten an der Backe hast.

In ehrlicher Zuneigung: Dein Guido

2014

01.01.2014 Russland marschiert in der Ukraine ein

Liebes Tagebuch, Mitbürger Putin ist mit seiner Armee in der Ukraine einmarschiert. Er behauptet, es sei lediglich ein Betriebsausflug zu den Schiffen seiner Schwarzmeerflotte in Sewastopol und die Belegschaft sei halt in Dienstkleidung losgezogen. Auch wenn es schlüssig klingt, bin ich nicht überzeugt. Vor allem, weil Kiews Bürgermeister Klitschko ständig an meiner Bürotür hämmert und sich beschwert. Wer will schon Ärger mit den Klitschkos? Dann lieber Krieg mit Russland!

14.07.2014 Wir sind Weltmeister! Mit Gaucki im Maracana

Oléé, oléé, olé, olé, oléééé! Wir sind Weltmeister! Was war das gestern für eine Sause. Als

wir ins Finale eingezogen sind, habe ich zum Mitbürger Gauck gesagt, „Gaucki, alter Volksgenosse, lassen wir mal die ganzen Nickligkeiten beiseite und gönnen uns mal was."
Und so sind wir dann mit dem Staatsflieger ins Maracana. Beste VIP-Plätze. Und dann auch noch das: Deutschland wird Weltmeister! Ein alternativloses Ergebnis! Weil ich anwesend war. Wie hätte auch eine Niederlage vor mir gewirkt? Wäre die überhaupt möglich gewesen? Ich glaube nein. Kann ich eigentlich überhaupt etwas nicht besonders gut? Werde Pralinen-Peter fragen, er weiß, was ich gerne höre. Und jetzt noch ein bisschen Paaadiiiie!

20.10.2014 1. Pegida-Demo

Liebes Tagebuch, heute in der Tagesschau Bilder einer Demonstration aus Dresden, wo offensichtlich erzürnte Mitbürger „Wir sind das Volk" riefen. War zuerst erschrocken, weil ich befürchtete, dass man ohne meine Zustimmung die Mauer wieder hochgezogen und die DDR wieder errichtet hätte. Weil das ja längerfristigen Überlegungen meinerseits zuwidergelaufen wäre. Es sind aber nur sogenannte „Wutbürger", die sich gemeinsam draußen bei Spaziergängen Luft verschaffen. Eigentlich eine schöne Sache, wenn die jeweiligen Grenzwerte für Stickstoffausstoß eingehalten werden. Werde das weiter beobachten und vielleicht sogar mal mitmarschieren. „Wir sind das Volk!" Mensch, das waren Zeiten!

ANNETTE SCHAVAN

Liebe Angela,

ja, das war's dann wohl mit uns. Wirklich schade.

Ich hatte das Gefühl, dass uns eine innige Freundschaft verbindet, die immer weiter wachsen würde. Ich fühlte mich dir zeitweilig so nahe, wie mein Glaube es mir gerade noch gestattet.

Aber nun ist es also aus mit uns. Vordergründig stand meine Doktorarbeit unserer Beziehung im Wege. Ich finde es schon einen Hohn, dass eine Frau, die für ihre Physik-Dissertation vor allem „Marxismus-Leninismus" pauken musste, mich nun fallen lässt, weil ich ein paar Fußnoten vergessen habe. Ich sag's mal ganz offen: In meinen Augen ist eine fehlerhafte und zusammenkopierte West-Dissertation immer noch weitaus mehr wert als eine „korrekte" Zonen-Doktorarbeit. Wie kann man denn überprüfen, ob dein „magna cum laude" nicht eine reine politische Gefälligkeit war? „Linientreu cum laude" wäre wohl passender! Ich sage: lieber Plagiat als Kommunistenplage!

Aber ich will nicht eifern. Ich stehe souverän über der empörenden Ungerechtigkeit, die mir widerfahren ist. So wie ich es in meinem katholischen Elternhaus gelernt habe. Und da sehe ich auch den eigentlichen Grund des Bruchs zwischen uns: Du kommst eben aus einem Ketzerhaushalt. Letztlich ist unser Zusammentreffen und Auseinandergehen ein Beweis dafür, dass die gottlose Lutherlehre die Menschen vergiftet und verdirbt. Unser Hl. Vater hat dir dazu ja bereits mitgeteilt, was ich ihm aufgeschrieben habe. (Ein Plagiat, wenn du so willst …)

Ich glaube, wenn du katholisch erzogen worden wärst, hätte ein guter und wertvoller Mensch aus dir werden können. Sogar trotz Kommunismus. Aber der Protestantismus (Du siehst, ich benutze das P-Wort ganz freimütig und vorurteilsfrei) geht viel tiefer. Seine Arme reichen weit hinunter. Letztlich direkt bis in die Hölle. Da hilft es auch nichts, wenn man dem Vornamen nach ein Engel zu sein behauptet.

Dennoch rufe ich dir im Wissen um die Vergeblichkeit zu:
Gott mit dir, Angela!

Annette

25.01.2015 Syriza-Wahlsieg in Griechenland

Liebes Tagebuch, offenbar scheinen freie Wahlen nur mit meiner Beteiligung vernünftig zu funktionieren. In Griechenland, wo ich wider besseres Wissen nicht angetreten bin, haben nun die Sozialisten gewonnen. Ein Motorrad-Rocker namens Varouvakis gibt dort jetzt den Finanzchef und will nun die Regeln machen, zu denen wir ihm den Bimbes liefern. Habe Mitbürger Putin gefragt, ob er nicht statt der Ukraine lieber den Peleponnes annektieren will.

14.03.2015 Griechenland

Bin heute mal wieder beim Krisengipfel gewesen. Die Griechen wollen immer noch nicht ihre Zeche zahlen. Es ist zum Mäusemelken. Ich hatte den Einfall, mit dem gesamten EU-Rat beim Mykonos-Grill gegenüber essen zu gehen und dann auch einfach nicht zu löhnen, damit die Suflakis mal sehen, wie das so ist. Aber Mitbürger Schäuble meint, die können nix dafür. Die sind völlig pleite. Mein Tipp: Einfach eigene, neue Griechen-Euro drucken! Die sehen doch aus wie echt, das merkt kein Mensch. Muss man ja nicht an die große Glocke hängen. Die paar Scheinchen.

17.06.2015 Ungarn baut einen Zaun

Liebes Tagebuch, aus Afrika oder wie das da heißt strömen immer weiter Mitbürger zu uns und wollen via Ungarn nach Deutschland. Genau wie einst die Mitbürger aus der DDR das 1989 gemacht haben. Ungarn baut jetzt einen Grenzzaun, vermutlich, um den dann, wie seinerzeit, medienwirksam für die Hilfesuchenden öffnen zu können. Dieser Orban scheint mir ein gerissener Halunke zu sein. Ich habe dem Festkomitee schon mal prophylaktisch meine Teilnahme bei der Öffnungszeremonie zugesagt und werde auch gerne auf dem Balkon der deutschen Botschaft den Genscher geben.

24.06.2015 Die Queen zu Besuch

Heute endlich mal ein Gast auf Augenhöhe. Die Queen war in meinem Büro und ich konnte sie endlich unter vier Augen fragen, wie oft sie sich eigentlich hat wiederwählen lassen müssen, um endlich den zeitlich unbefristeten Arbeitsvertrag zu bekommen. Man kann ja vom Ausland durchaus etwas lernen, selbst wenn man Deutschland ist. Habe ihre Antwort dem Auswärtigen Amt zur Auswertung geschickt. Besonders der Passus „Fuck you bloody bitch" hat sich mir noch nicht erschlossen.

8.6.2015 Gipfeltreffen in Elmau

Hach, der Barak. Ein passionierter Angler ist er, genau wie mein Vater! Habe ihm sofort ein „Best Of" des Angler-Lateins meines alten Herren aufgetischt. Bei der Beschreibung des 14-Meter-Herings aus dem Föhrde-Kanal in Templin hat mich dann so ein doofer Paparazzo fotografiert. Egal, was soll's. Wenigstens kann so jeder sehen, dass an dem Gerücht, ich könnte die Hände nicht mehr voneinander trennen oder sie nur noch in den Schoß legen, absolut gar nichts dran ist.

29.06.2015 70 Jahre CDU

Liebes Tagebuch, war heute auf der Feier zum LXX. Gründungstag der Partei. Habe meine Rede auf Drängen des Generalsekretärs Tauber-Nuss leider abändern müssen. Statt meiner Festrede „Die CDU wird AfD: Angela für Deutschland!" habe ich irgendwas von einem dieser Zettel vorgelesen, die ich immer zu solchen Gelegenheiten vorgelegt bekomme. Langweilig.

16.07.2015 Tsipras stimmt dem EU-Kredit zu

Uiuiuiui, das war knapp. Mitbürger Tsipras hat die Kreditangebote der EU für Souflakien angenommen. Tolle Konditionen. Kaum Zinsen. Rückzahlbar am Sankt Nimmerleinstag. Ich werde meinen nächsten Fernseher auch auf jeden Fall mit einem Kredit der EZB finanzieren. Jedenfalls ist damit der Grexit vom Tisch und ich hoffe, dass niemand sonst auf die Idee kommt, die EU einfach verlassen zu können. Wenn das alle täten, wo sollten wir dann unsere abgewrackten Politiker endlagern?

31.08.2015 „Wir schaffen das!"

Habe Pralinen-Peter heute zum Rapport bestellen müssen. Die Schlafmütze hat mir heute zur Sommerpressekonferenz eine alte Rede aus dem Jahr 2008 eingepackt, die ich mal vor weinenden Bankern nach der Lehman-Pleite halten wollte. „Deutschland ist ein starkes Land. Wir schaffen das!" Das war auf unendlich viel Steuergeld gemünzt, das ich seinerzeit in jedes Fass ohne Boden hineinzukippen bereit war.

Aber jetzt denken alle, ich meine die Aufnahme von Flüchtlingen. Das gibt noch Ärger, fürchte ich. Andererseits, wenn ich so in die Uckermark gucke, da ist noch jede Menge Platz für ein Zeltlager. Wie damals Sommerfrische FDJ. Das würden die Mitbürger Zuwanderer sicher auch romantisch finden.

16.09.2015 VW-Abgas-Skandal

Liebes Tagebuch, langsam verliere ich die Lust. Es geht hier zu wie im Affenhaus. Wo man hinschaut, verbrecherische Kartelle mit unheilvollen Namen: ISIS, AFD, NSU und jetzt auch noch VW in den USA. OMG sag ich da nur. Die Herrschaften aus Wolfsburg haben eine sogenannte Software eingebaut, um die Abgaswerte sauberzuwaschen. Ich frage mich: Ein Weichspülerprogramm und in der Folge saubere Abgaswerte, wo ist denn da jetzt bitte das Problem? Das macht doch heutzutage jede Waschmaschine. Auch die ganz große, in der mein Büro ist.

SABINE TÖPPERWIEN

Liebe Frau Bundeskanzlerin,

ich bedanke mich für die hundertprozentige Chance, in Ihrem Gästebuch meine Spuren hinter mir zu lassen. Wir beide haben viel gemeinsam: Wir haben uns beide als Frauen in Positionen gekämpft, die niemand uns angetraut hat. Und wir sind beide nur an einem Gegner gescheitert: die deutsche Sprache. Da sind bei uns beiden wirklich Hoffnung und Malz verloren. Beim tragischen Freitod Ihres Rhetoriktrainers habe ich geheult wie ein Hofhund.
Ich habe vor allem beim Thema Redensarten und Metaphern schon früh die Flinte ins Horn gestoßen. Mein Deutschlehrer hat sich wohl öfter den Kopf gerauft oder sich sogar wie ein Schneekönig geärgert, wenn mir mal wieder die Zeit unter den Nägeln davonlief. Danach musste ich manchmal in Schutt und Asche laufen. Aber ansonsten war ich eigentlich immer in einer unbestechlichen Form.
Sie hingegen hatten Probleme, Sätze, die gut angefangen hatten, mit derselben Klarheit, dass da eine Beendigung erfolgen hätte eventuell gekonnt. Hätten Sie es besser hinbekommen, auf den Punkt zu sagen, was Sie als möglichen Standpunkt am Ende im Bewusstsein der Bürgerinnen und Bürger als Verankerung beabsichtigen zu beabsichtigten: Es hätte niemals die „Merkel-muss-weg!"-Sprechchöre gegeben.
Ihre Lehrerin hat Ihnen genau einen positiven Beispielsatz mitgegeben vor Ihrer Abiturprüfung: „Sie schaffen das!" Für damals hat es gereicht. Aber als dann Sätze kamen wie: „Wir wollen, dass diese Krise stärker aus Europa herausgeht, als sie hineingegangen ist", da war klar: Für den Deutschen Rhetorikpreis war die Mühle leider ergebenst.
Wie dem auch sei: Ich habe das Gefühl, wenn wir uns kennen würden, wären wir ein Schmerz und eine Seele.

Ihre Sabine

03.04.2016 Ah, wie schön ist Panama ohne Papers

2016

Liebes Tagebuch, die Welt wird immer verrückter. Gerade hat mir der Mitbürger Staatsekretär der Finanzen aufgeregt erzählt, dass 2,6 Terabyte Daten aus Offshore-Geschäften mit Mailbox-Business in Panama geleakt worden seien. Ich habe den Mitbürger ermahnt, nicht in diesem Ton mit mir zu sprechen. Immerhin bin ich seine Kanzlerin!

23.06.2016 Brexit Vote

Die Briten haben heute ihren Austritt aus der EU beschlossen. Ich kann das gut verstehen, weil man dort mit dem Commonwealth ja schon einen eigenen, viel älteren Club besitzt. Ich würde ja auch gerne die EU verlassen, um in ein erprobteres europäisches Bündnis zurückzukehren, wie das Hl. Römische Reich Deutscher Nation. Mit mir als Kaiserin! Aber dazu fehlen mir im Moment eine gestalterische Mehrheit von ca. 300.000 Soldaten und ausreichend Boden-Luft-Raketen.

03.10.2016 Dresden ruft: „Merkel muss weg!"

Ich bin erschüttert. Heute, beim Festakt zum Tag der Deutschen Einheit, war ich in Dresden. Ständig riefen Mitbürger: „Merkel muss weg." Ja toll, erst gegen Flüchtlinge sein und dann mit meiner Vertreibung einen weiteren schaffen wollen. Außerdem, wo soll ich denn hin? Nein, Mitbürger, so läuft das nicht. Wenn ihr mich nicht sehen wollt, könnt ihr ja einfach zu

Hause bleiben. Am besten für immer. Das könnte überhaupt eine kluge Strategie für mehr Ruhe im Karton sein.

08.11.2016 Trump wird Präsident

Dieses westliche Demokratie-Konzept zeigt langsam weltweit schwere Abnutzungsspuren. Jetzt hat sogar ein orangegefärbter Fernsehentertainer namens Donald Trump in Amerika die Wahl gewonnen. Das erscheint mir, als wenn hier die Geissens ins Kanzleramt einziehen würden. Hoffentlich kommen die jetzt nicht auf dumme Ideen, bevor ich meinen Vertrag nächstes Jahr verlängere. Eine RTL-II-Partei unter der Führung von „Rooobäärt" hätte sicher Potenzial, mir den Posten streitig zu machen. Und das so kurz vor Renteneintritt.

DAVID CAMERON

Dear Angie,

Yes, you have been right. Yes, you told me before.
Yes, you knew it better. As Germans always do.
Sometimes life is a piece of shit
when you look at it.
Ok, next time.
I'm off the game now.
I will send you a postcard from the Caribbean.
And please remember:
Always look at the bright side of Brexit!

Yours, David

Wutbürgerseite

Hier kleben meine Mitarbeiter die besten Zuschriften ein. Ich könnt' mich jedes Mal beömmeln. In der Öffentlichkeit schaue ich aber immer ganz betroffen, wenn so was kommt.

„Wir wollten heute grillen und jetzt regnet es. Danke, Merkel!"

„Heute früh ist mir das Auto abgesoffen. Danke, Merkel!"

„Heute gibt's in der Kantine Rosenkohl. Danke, Merkel!"

„Oma hat mal wieder den Herd angelassen. Danke, Merkel!"

„Ich hab 'ne Fünf in Mathe. Danke, Merkel!"

„Ich in Eile, aber Ampel rot. Danke, Merkel!"

„TOTAL LANGWEILIGER TATORT. DANKE, MERKEL!"

2017

12.01.2017 Eröffnung Elbphilharmonie

Liebes Tagebuch, endlich mal wieder ein Jahresstart wie aus dem Bilderbuch. Gestern Gast bei der Eröffnung der Elbphilharmonie. Was für ein schönes Programm, bin rechtzeitig zu Wagner aufgewacht und habe laut geklatscht und mitgesungen, bis ich gemerkt habe, dass es nur die Ouvertüre vom „Parsifal" war. Kann ja mal passieren. 2017 darf ruhig so weitergehen, Troubles hatte ich die letzte Zeit ja mehr als genug.

17.03.2017 Kein Händchen vom Präsident-chen

Habe heute zum ersten Mal Donald Trump im Oval Office getroffen. Er sieht in natura genauso schlecht aus wie im Fernsehen und wusste offensichtlich nicht genau, wer ich bin. Erst wollte er mir ein Autogramm geben, dann eine Versicherung verkaufen. Dabei habe ich sogar eine Police gegen Regierungsausfälle! Auch wollte er mir nicht die Hand geben. Das würde man bald ohnehin nicht mehr machen, hat er mir geflüstert. Und dabei dämlich gegrinst. Was er nur im Schilde führt? Werde aber in Zukunft sicherheitshalber die Raute mit Sagrotan desinfizieren. Den Amis ist ja alles zuzutrauen!

19.03.2017 Schulz mit 100% Kanzlerkandidat

Liebes Tagebuch, obwohl ich mich sehr um die gute Stimmung in der Einheitspartei bemühe, die von den Mitbürgern den putzigen Namen „GroKo" bekommen hat, scheinen gerade die Mitbürger Genossen von der SPD ein wenig lustlos, man möchte sagen, beinahe suizidgefährdet zu sein. Wie sonst könnten sie auf die Idee kommen, a) überhaupt noch einen eigenen Kanzlerkandidaten zu benennen und dafür dann auch noch b) Mitbürger Schulz auszusuchen, der das Charisma und den Elan eines Bücherregals besitzt. Eines leergeräumten, wohlgemerkt. Aber gut, wenn die SPD lieber nur Blockpartei sein will – mir soll es recht sein. Die werden schon sehen, was sie davon haben!

07. und 08.07.2017 G20-Gipfel in Hamburg

Der Hamburger Ober-Mitbürger Olaf Scholz ist eine solche Niete und hat mich vor aller Welt bis auf die Knochen blamiert. Da lade ich extra die G20 zu ihm nach Hamburg, damit er mit seiner Elbphilharmonie strunzen kann, und schon versinkt die Stadt im Chaos. Hat der keine V-Leute? Wie stehe ich denn jetzt da vor den anderen Autokraten? Diese Flitzpiepe würde keine drei Tage in meinem Kabinett bleiben. Was sollte so einer da auch schon tun?

24.09.2017 Königin Angela IV.

Wahlsieg. Echte Euphorie will sich aber nicht mehr einstellen. Ich bin es leid, immer nur recht zu haben oder so lange auf der Realität rumzutrampeln, bis ich recht habe. Als Erstes müssen die Miesepeter von der SPD raus aus meiner Regierung. Habe eine ganz schräge Idee und rede mit Grünen und der FDP. Eine Art „Best Of Regierungszwerge". Jeder von denen kriegt 1,5 Ministerposten. Das wird sicher eine Gaudi bei den Kabinettssitzungen, wenn die sich zanken, weil sie glauben, sie hätten irgendwas mitzubestimmen in Muttiland. Ach, jetzt freue ich mich doch ein bisschen!

20.11.2017 Scheitern der Jamaika-Gespräche

Liebes Tagebuch, es ist zum Mäusemelken. Gerade hat der Mitbürger Lindner, dieser eingebildete Schnösel, meine schöne Jamaika-Koalition platzen lassen. „Lieber nicht regieren als schlecht regieren", hat er gesagt. Was denkt der denn, was ich hier die letzten zwölf Jahre gemacht habe? Eben, und das war sicher besser als nicht regieren. Beziehungsweise: Zeige mir den Unterschied. Unverschämtheit. Jetzt muss ich zu allem Überfluss auch noch schön Wetter bei den Sozis machen, wo ich die doch schon die ganze Zeit gefoppt habe. Nase gedreht, Hand zum Schütteln hingehalten und dann schnell stattdessen durch die Haare gefahren, das ganze Programm. Das wird sicher nicht vergnügungssteuerpflichtig.

SPD

Lieblingstier: Mäuschen
Lieblingssport: Autofahren (Fiat Punto)
Lieblingserneuerbare Energie: Steinkohle frisch ausm Pott
Lieblingskanzlerkandidat*in: Angela Merkel

Es war uns eine Ära!

Sehr geehrte Frau Bundeskanzlerin,
die SPD ist die älteste Partei Deutschlands. Und Sie haben während Ihrer Amtszeit dafür gesorgt, dass man das auch sieht. Wir waren stets bereit, Verantwortung für unser Land zu übernehmen. Aber ganz ehrlich: Wenn es mal so weit war, fühlten wir uns oft überfordert. 1998 erreichten wir 40,9 %. Ihre Union lag mehr als 5 Prozentpunkte dahinter. Spätestens beim Anblick dieses Abstands wurde uns schwindlig. Und Sie als erfahrene Bergführerin haben gespürt, dass wir uns verstiegen hatten dort oben in der 40-Prozent-Wand. Spätestens am berüchtigten Hartz-Step war klar: Bei uns herrscht Panik. Behutsam und Schritt für Schritt haben Sie uns dann zurück nach unten geleitet, bis wir wieder festen Grund unter den Füßen hatten und mit beiden Beinen auf dem Boden der Tatsachen standen. Es hat gedauert, aber wir haben es gemeinsam geschafft. 20,5% bei der Wahl 2017 – auf diesem Niveau fühlen wir uns sicher. Und Sie haben uns sogar erlaubt, weiterhin Ihr Seil zu halten und Ihnen beim Klettern von Gipfel zu Gipfel gelegentlich zu assistieren. Wir sind Ihnen dankbar dafür, dass Sie die Kartoffeln aus dem Feuer geholt haben. Auch wenn Sie manches wie heiße Kastanien an uns weitergereicht haben.

Ihre stolze Partei Martin Schulz' und Olaf Scholz'

P.S. Unsere Andrea Nahles hatte übrigens recht: Irgendwann gab's immer in die Fresse. Leider jedes Mal in unsere.

DIE ZEUGEN JEHOVAS

WIR HATTEN SO AUF SIE GEHOFFT!

Ihr Vater war Pfarrer – das hätte doch was werden können.
Trotzdem haben wir es bei Ihnen versucht.
Immer wieder.
Aber Sie waren ja nie da!
Hat jedenfalls keiner aufgemacht.
Und Sie haben Ihren eigenen Wachtturm.
Die Leute haben aber nicht einfach
dagestanden, sondern uns
aggressiv angesprochen
und weggeschickt.
Und sie hatten keine
Zeitschrift im Angebot.

Es war eine Enttäuschung!
Die Quittung kommt bald.
Am jüngsten Tag.
~~2009~~ ~~2013~~ 2017 verlieren Sie die Wahl!

Ihre 144.000

2018

07.02.2018 Koalitionsvertrag

Liebes Tagebuch, das Mit-Stimmviech aus der SPD ziert sich wie die Jungfrau vor dem Bade. Mitbürger Gabriel hat mir gerade vorgerechnet, dass seine Partei seit meiner Amtszeit von 34,2% 2005 auf jetzt 20,8% abgestürzt sei. Als sei das meine Schuld. Was denkt der sich? Ich habe oft genug gesagt, lasst uns die beiden Läden zusammenschmeißen. Aber vielleicht finden sie es ja auch gar nicht so schlimm? Jedenfalls haben sie mir ausgerechnet den Olaf Scholz reingedrückt. Als Finanzminister und Vizekanzler. Wow! Muss ich mir das noch antun?

14.03.2018 Wahl zur Kanzlerin

Mit den zickigen Sozis im Gepäck muss ich mein Team ein bisschen umstellen. Pralinen-Peter wird jetzt ein richtiger Minister für Wirtschaft, damit er in seiner Paradedisziplin, dem stundenlangen Schnittchenessen, wichtige Hintergrund-Infos über mögliche Umsturzpläne gegen meine Herrschaft rechtzeitig ertrüffelt. Um keine neue Butlerkleidung fürs Kanzleramt kaufen zu müssen, habe ich einfach den dicksten Abgeordneten in der CDU-Fraktion genommen. Kaffeekochen und den Fernseher umschalten wird Mitbürger Braun sicher ebenso gut hinbekommen wie mein Pralinen-Peterle.

22.04.2018 Nahles Generalsekretärin SPD

Habe heute erfahren, dass Mitbürgerin Nahles nun Generalsekretärin der SPD ist und gleich bekanntgegeben hat, dass es von nun an „auf die Fresse" gibt. So was sagt man doch nicht. So was macht man einfach. Es ist immer weniger deine Welt, arme Angela!

29.10.2018 Rücktritt als CDU-Vorsitzende

So! Heute war der Tag der Tage! Ich habe endlich einen Schlussstrich unter meine Vergangenheit gezogen und bin als CDU-Vorsitzende zurückgetreten. Jawoll! Den Kanzler-Job will ich auch nicht mehr nach der Wahl. Fühlt sich gut an!
Den Traum, einen real existierenden Champagner-Sozialismus aufzubauen, habe ich aufgegeben, seit ich gesehen habe, dass es Champagner für 12,00 € bei ALDI gibt. Wie soll man das toppen? Ich gehe zurück in die Uckermark und werde dort meinen persönlichen Mitbürger Dings dominieren. Das kann auch erfüllend sein!

11.11.2018 Besuch bei Macron in Paris

Mon Dieu, diese Franzosen! Leisten sich einen Präsidenten mit dem Vornamen aus einem Schmuddelfilm und dem Nachnamen eines Gebäcks. Sex und Süßigkeiten, sonst haben die nix im „Seine" - wie der Fluss! So ein guter Witz, den muss ich mir MERKELN. Heute läuft es mal wieder bei mir. Vielleicht gehe ich ja nach meiner politischen Karriere zur „heute-SHOW", als Gag-Schreiberin? Jedenfalls bin ich bei Mitbürger Emanuelle immer etwas auf der Hut. Er hat ein Faible für reifere Frauen und schneller, als ich mich umsehe, kann ich den Haushalt vom Macron gleich mitregieren. Nee, lieber nicht. Mit den Männern ist es doch immer dasselbe. Erst sehen sie toll aus und dann werden sie immer mehr wie ihre Mutter. Dann lieber weiter mit dem Dings, der diese Phasen schon vor vielen Jahren erfolgreich durchlaufen hat und mit seiner scheintoten Art beruhigend auf mich wirkt.

WLADIMIR PUTIN

Moskau, Oktober 2018

Werte Angela,

unser Verhältnis war nie das beste. Ich habe dich immer gern darüber im Unklaren gelassen, was dahintersteckt. Und mich amüsiert über die ganzen Analysen und Leitartikel von wegen NATO und Sicherheitsinteressen und so was. Dabei ist es viel einfacher: Du hast mich in meiner Ehre als russischer Mann beleidigt und es nicht mal bemerkt. Ich weiß es noch, als wäre es 1987 gewesen: Zwei Jahre vor dem Fall der Berliner Mauer habe ich in Dresden an einem Judo-Wettkampf teilgenommen. Ich war ja damals dort stationiert, beim KGB. Ich hatte sehr gute Siegchancen – aber plötzlich tauchtest du auf und legtest mich auf die Matte, bevor ich dreimal „Druschba" rufen konnte. Ich griff damals zu einem bewährten Tschekisten-Trick und lancierte die Behauptung, du seist eine Frau und somit gar nicht teilnahmeberechtigt gewesen. Darauf sahst du mich kurz an und meintest: „Dann die aber auch nicht." Das war der Beginn unserer wundersamen Feindschaft.

Vor unserem ersten offiziellen Treffen, 2006, war ich bereit, das Ganze zu vergessen und neu anzufangen. Aber du musstest mich ja unbedingt necken mit der Erinnerung an diese Episode. Du warst offenbar echt angefressen wegen dieses Frauen-Dings und hast mich gefragt, warum mein Deckname eigentlich „Putin" sei – die männliche Form sei doch „Puter". Seither herrscht bekanntlich richtig dicke Luft zwischen uns. Die Rechnung haben die Homosexuellen in Russland bezahlt und die Krim und die Ostukraine. Und die Kinder in den syrischen Krankenhäusern. Und meine Trolle haben euch die AfD an den Hals geschrieben. Tja, hättest du dir die Bemerkung mal gespart. Dann hätte ich dir auch Tipps geben können, wie man sich lebenslang die Macht sichert. Aber nun ziehe ich allein weiter durch die Taiga. Und mein nächstes Rottweiler-Weibchen wird natürlich Angela heißen.

Deine Wladimira aus der Transsibirischen Eisenbahn

JOACHIM LÖW

Lieblingsfarbe: Nivea
Lieblingsschneider: T. Euer
Lieblingsland: Italien
Mein Duft: Joghurt Mango

Liebe Frau Bundeskanzler,

oder darf ich Sie „Bundesfußballfan" nennen?
Ihre Unterstützung während der großen Turniere ist für mich unvergesslich. Die EMs, die WMs. Aber was meinten Sie eigentlich mit PMS? Besonders wertvoll wurden Sie für uns, nachdem Sie sicherer bei der Orientierung geworden sind, welche eigentlich „Unsere" sind. Das muss so 2013 gewesen sein. Und 2015 erklärte Ihnen dann Oliver Bierhoff das mit dem Seitenwechsel und fortan hatten wir Sie auch immer die ganzen 90 Minuten hinter uns. Ich bin sicher: Hätten Sie 2012 beim Fußball schon so gut Bescheid gewusst wie in der Politik – wir wären Europameister geworden.
Beeindruckt haben mich und den Basti und den Poldi immer Ihre physikalischen Erklärungen zu den Flugeigenschaften runder Objekte im Windkanal, die Sie uns gegeben haben, wenn Sie in die Kabine kamen. Die Spieler haben nach den anstrengenden 90 Minuten teilweise scho au versucht, Ihnen zuzuhören. Und Dipl. Ing. Oliver Bierhoff und ich haben Ihre Theorie im Training nachgestellt und dann bei der WM 2018 umgesetzt. Auch für diese Lektion müssen wir Ihnen wohl dankbar sein.

Ich habe gehört, dass Sie nach Ihrer Amtszeit ein Fernstudium beginnen wollen: „Die Bundesligatabelle verstehen". Ich hingegen bin gebeten worden, später mal Ihrem neuen Rhetoriktrainer ein Stück weit zu helfen, sich weiterzuentwickeln. Vielleicht kreuzen sich unsere Wege also noch einmal.

Ihr Kabinenfreund Joachim Löw

2019

25.01.2019 Altmeier auf der FFF-Demo

Liebes Tagebuch, die Welt ist aus den Fugen. Kinder schwänzen einfach freitags die Schule, um für eine bessere Klimapolitik zu demonstrieren. Was sind wir bitte für ein Staat, der zulässt, dass Kinder nicht in die Schule gehen? Pralinen-Peterle war so tapfer, sich dem rasenden Kindermob zu stellen. Und obwohl er Kakao und Plätzchen in Aussicht stellte, waren die Rabauken nicht zu einer Rückkehr in ihre Klassenzimmer zu bewegen. Den Kindern fehlen so am Ende sicher mindestens zwei Wochen Unterricht. Zwei ganze Wochen! Wie sollen die so den Anschluss halten? Ich habe dafür kein Verständnis. Schule muss IMMER sein!

02.07.2019 Uschi von der Leyen EU-Ratspräsidentin

Liebes Tagebuch, heute wieder einen Gefährten für die Nibelungentreue der letzten Jahre „belohnt". Meine Uschi von der Leyen ist jetzt EU-Ratspräsidentin. Sie hat zwar gar nicht an der Wahl teilgenommen, aber es ist einfach besser so. Basta. Vor allem für Uschi, damit sie eine Immunität behält, wenn der Staatsanwalt wegen ihrer Böcke als Verteidigungsministerin anklopft. Das hat sie ja nicht böse gemeint. Nur eben halt nicht besser gekonnt.

31.12.2019 Wuhan?

Habe gerade in den Nachrichten Meldungen über ein neues Virus aus China gehört. Kein Wunder, dass die Mitbürger der Firma Huawei ständig Ärger mit den Amerikanern haben, wenn sie das mit den Viren nicht besser in den Griff bekommen. Werde dem Mitbürger JinPing eine dieser Virenschutz-CDs schicken, die mir damals ein Vertreter einer Partei namens AOL geschenkt hat. Sie ist noch originalverpackt und kann den Mitbürgern im fernen China vielleicht helfen. Es ist so schön, Gutes zu tun!

BEATE BAUMANN

(Büroleiterin von Angela Merkel)

Liebe Chefin,

ich verstehe deinen Ärger. Als deine Büroleiterin hätte ich das besser managen müssen. Ich muss mir echt mal wieder die Ohren durchpusten lassen. Was für eine dämliche Panne! Ich habe zum Jour fixe mit deinem Image- und PR-Berater zusammengesessen – und prompt gab es ein blödes akustisches Missverständnis. Offenbar hat er gesagt, du sollest dir in einem einzigen Punkt mal ein Beispiel an Donald, der Pfeife, nehmen und künftig mehr twittern. Gerne auch mit ein bisschen Humor. Und was verstehe ich taube Nuss? Und gebe es so an dich weiter? Du solltest mal ein bisschen zittern, in der Öffentlichkeit. Gerne mit ein bisschen Tremor. Ich denk über so einen Mist ja nie nach und du auch nicht. Versteh einer die PR-Regeln! Wir haben dann zwei Wochen lang geübt, mit deinem Fitnesstrainer, damit das Zittern echt aussieht. Und dann haben wir es deinem Leibarzt vorgeführt. Du weißt doch: der, der immer von den „Antikörpern" spricht, wenn er IM Peter und Helge Brownie sieht. Er hat echt besorgt geguckt, als du gezittert hast. Wir haben also alles richtig gemacht – aber leider am falschen Objekt.

Was für ein PR-Desaster! Du seist nicht mehr amtsfähig und so! Aber es hat irgendwie doch auch Spaß gemacht, oder? Du hast jedenfalls gesagt, dass der Tremor sich weniger blöd anfühlte als damals beim Entzug nach dem „Studium".

Na ja, Schwämmchen drüber. Aber ich muss jetzt zum HNO!

Und danke, dass du mich immer mitspielen lässt bei „Weltpolitik". Ist noch spannender als Malefiz.

Deine Beate

DONALD TRUMP

Lieblingsfarbe: Orange
Lieblingsdichter: Donald Trump
Lieblingsheld der Geschichte: Donald Trump
Lieblingsurlaub: Als ich nach Washington D.C. getrumpt bin
Lieblingstier: Donald Trump

Mar-a-Lago, Autumn 2019

Dear Angela, chairman of Sweden,

it's very sad. Very sad. The relationship between our countries once was very fine. The best relationship ever. During the American Civilization War your former president Schmitt fought with us against black slaves and anarchists and Antifa and the Japanese virus. I won this war and payed for all guns. And I won all the other wars. All of them. It was incredible. I did a fantastic job. But later you betrayed me. Very bad. Very, very bad. Your husband Wladimir helped me to win the campaign and to become the most brilliant leader of America ever – I never needed any help to win the elections with the highest number of votes ever. Highest ever. Whatsoever, he helped me. But then you told him to fight me and say bad things about me and do bad things. As a revenge I told him: "The Germans are Pussies. You can grab them by the Mutti." H! – as you say in Germany. I know that, because my ancestors were Germans. I had excellent ancestors. And I've become the best German of America ever. Better than John Goethe and even better than Frank Hitler. You had two Germanies, right? East Germany and Best Germany. That's me. Best Germany. Donald Trump: Best Germany.

You will have elections, I will win elections. Remember what happened last night in Sweden? We shall see. It will happen. It will disappear.

Yours, Donald

27.01.2020 1.Corona-Fall in Deutschland

Seit heute haben wir unseren ersten echten Corona-Fall im Land. Man fühlte sich ja schon fast ein wenig ausgeschlossen, wenn solche neuen Sachen komplett an Deutschland vorbeilaufen würden und wir dann nicht allen zeigen können, wie viel besser wir es draufhaben. Jetzt geht's also los. Ich freu mich!

03.02.2020 Krankenhausbau in Wuhan

Liebes Tagebuch, diese Virusgeschichte scheint schlimmer, als ich dachte. In Wuhan haben sie in gerade mal sieben Tagen zwei Krankenhäuser errichtet. Werde dem dortigen Bauteam einen Job beim BER anbieten. Warum aber die Eile, wenn es nur eine Grippe ist, wie dieser Schnösel behauptet, den ich als Gesundheitsminister ins Kabinett holen musste, damit er unter meiner Kontrolle ist. Warten wir es einfach mal ab.

23.03.2020 Bazooka-Boys, Klopapier

Es geht um Leben und Tod und was machen die Leute? Klopapier hamstern und meckern! Ich kann mein Geschäft nicht aufmachen, ich kann die Kinder nicht versorgen, ich kann nicht auftreten, gnagnagna. Ich hab' dem Pralinen-Peterle versprochen, dass er so viel Geld ausgeben darf, wie er will, damit alle jetzt mal die Klappe halten. Die Mitbürger von der SPD haben darauf bestanden, dass sie Mitbürger Scholz daneben setzen dürfen. Die beiden nennen sich jetzt die „Bazooka-Boys". Hoffentlich geben sie nur Geld aus und fangen nicht auch noch an zu singen!

April 2020 Lockdown I

Wir haben jetzt alles zugeschlossen, sicher ist sicher. Also fast alles. Die Büros und Fabriken, die Busse und Züge, das läuft natürlich völlig normal weiter. Sonst kommen die Mitbürger noch auf die Idee, es würde auch ohne Arbeit weitergehen. Aber keine Arbeit heißt gleich dumme Gedanken. Das lassen wir gar nicht erst einreißen. Habe einen jungen Wissenschaftler kennengelernt, Mitbürger Dr. Drosten, der mich nun in dieser Sache berät. Es ist so wohltuend, endlich wieder im Schoß der Wissenschaft zu sein. Mitbürger Drosten kennt weitere Wissenschaftler, die den Fortgang des Infektionsgeschehens in komplexen, theoretischen Modellen errechnen können. Sie gehen zwar wenig raus und haben keinen allzu engen Bezug zu Menschen, aber das braucht man nicht für eine Pandemie-Bekämpfungs-Matrix. Das Genöle der Mitbürger geht mir ohnehin auf den Keks. Es tut gut, wieder unter Menschen meines Schlages zu sein.

Mai 2020 Bundesliga-Neustart; Geschäfte öffnen wieder

Vironika, der Lenz ist da. Haha, Vir-onika, wegen dem Virus. Das ist so klasse. Jedenfalls ist der Drops wohl weitgehend gelutscht. Auch wenn Mitbürger Drosten seine Apparaturen nicht aus dem Kanzleramt entfernen will und weiter so in Sorge, Sorge macht. Entspannen soll er sich, der Drosten. Er kriegt so ein schickes Bundesverdienstkreuz und für seine Forschungen was extra. Und jetzt ist erst mal Sommer. Ich freue mich schon so!

03.09.2020 Querdenker stürmen den Reichstag

Liebes Tagebuch, ich bin so froh, dass ich hier nächstes Jahr den Löffel abgebe. Heute haben ein paar Spinner mit Reichsflaggen versucht, den Reichstag zu stürmen. Weil Bill Gates sie mit Computer-Chips gefügig machen und das Blut ihrer Kinder trinken will. Muss Mitbürger Putin fragen, ob er was in unser Trinkwasser gemischt hat.

Oktober 2020 Beginn der 2.Welle

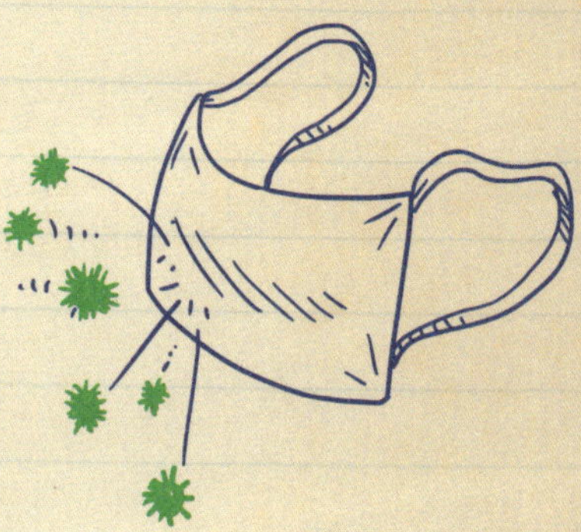

Was war das für ein herrlicher Sommer. Leider kommt mit dem Herbst auch dieses vermaledeite Virus wieder. Wer hätte das ahnen können? Habe Mitbürger Drosten angerufen, er soll auch seinen ganzen Virologen-Clan mitbringen. Und alle Modelle, die er sich ausdenken kann.

02.11.2020 Shutdown Light

Liebes Tagebuch. Mein Schicksal liegt nun in den Händen von Menschen, die größer und besser sind als ich. Sie können in höheren Potenzen rechnen, unglaubliche Dinge im Computer modulieren und haben mich überzeugt: Wir werden alle sterben. Trotz Impfstoff. Habe der Uschi darum gesagt, sie soll sich beim Bestellen Zeit lassen. Bringt ja sowieso nix. Ich werde meine wissenschaftlichen Berater bitten, die Dinge in die Hand zu nehmen und in diesem Buch hier zu hinterlassen, was aus ihrer Sicht für die Nachwelt wichtig ist. Ich werde mich nun in den Führerkraft-Bunker begeben, alle Auftritte in der Öffentlichkeit wie gewohnt meiner seit Jahren darin bewährten Doublette Annetraut K. aus T. überlassen und mich auf die Schaffung eines neuen Deutschlands nach Corona vorbereiten.

Parole: Auferstanden aus Ruinen.

HAMBURGER SPORTVEREIN

Hamburg, 28. Juni 2020

Liebe Frau Merkel,

wir teilen so manches.
Beide kommen wir aus Hamburg. Beide werden wir mit der Raute assoziiert. Und gemeinsam ist uns auch, dass wir eigentlich in die Champions League gehören, uns aber mit der zweiten Reihe begnügen müssen – Sie demnächst und wir schon eine ganze Weile. Legendär sind unsere Triumphe über die ganz Großen – Sie Helmut Kohl, wir Juventus Turin –, aber bedauerlich ist, dass wir uns zuletzt an Zwergen wie dem SV Sandhausen oder Viktor Orban die Zähne ausbissen. Vor uns muss niemand Angst haben, weil wir eben leider „Nur der HSV" sind. Und vor Ihnen nicht, weil Sie eine „lame duck" sind.
Trotzdem: Die Vision lebt! In zehn Jahren werden Sie uns als Weltpräsidentin im Weltpokalfinale anfeuern. Eine Ehrenkarte liegt für Sie bereit.

Ihr Hamburger Sportverein

DEUTSCHE AUTOINDUSTRIE

~~Liebe Angel~~... Sehr geehrte Frau Dr. Merkel,

natürlich gab es zuletzt Missstimmungen, weil unsere ~~Bef~~... Empfehlungen während der Corona-Krise nicht befolgt wurden und wir jetzt mit Hunderttausenden nagelneuen Autos dastehen. Von denen wir selbstverständlich (aber das bleibt natürlich unter uns!) seit Jahrzehnten wissen, dass sie die Umwelt und das Klima belasten und ausrangiert gehören. Aber sie verkauften sich halt so schön.

Und wir wollen fair bleiben: Es waren insgesamt gute Jahre, die wir miteinander hatten! Sie hatten (fast) immer ein offenes Ohr für uns. Hätten wir eine andere Regierung gehabt oder der EU freie Hand gelassen, dann wäre Deutschland wahrscheinlich längst das trostlose Land der Elektrokarren und des Tempolimits. Die Besteuerung des Schadstoffausstoßes hätte unsere schicken Raser längst unattraktiv gemacht. Stattdessen haben wir bis heute das Dienstwagenprivileg und können viel zu große und übermotorisierte Schlitten teuer verkaufen. Und sogar SUVs – wir hätten uns das niemals träumen lassen! Dafür sind wir ehrlich dankbar. Und die Abwrackprämie von 2009 werden wir Ihnen nie vergessen. Viele unserer Manager leben heute in sehr angenehmen Immobilien, die aus den Boni für die damaligen Zusatzgewinne finanziert werden konnten. Sie haben damals wirklich etwas für Familien getan. Und Sie haben begriffen: Wohlverstandener Klimaschutz bezieht sich nicht zuletzt auf das Geschäftsklima.

Für Ihre täglichen Besorgungen nach dem Abschied aus dem Amt erlauben wir uns heute, Ihnen eine deutsche Limousine Ihrer Wahl (ab 300 PS, Verbrennungsmotor) zur Verfügung zu stellen. Nehmen Sie dies als kleines Zeichen unserer Wertschätzung.

Ihre deutsche Automobilindustrie

P.S. Ein kleines Geheimnis können wir schon heute lüften: Eines der kommenden SUV-Modelle, das auch in metertiefem Wasser und Matsch vorankommt und deshalb speziell für die Zielgruppe „wasserscheue Angler" geeignet ist, wird nun doch nicht „VW Lobby" heißen, sondern Ihren Vornamen tragen. Vielleicht schauen Sie ja mal für eine unverbindliche Probefahrt vorbei?

CHRISTIAN LINDNER

Verehrte Frau Bundeskanzlerin,

wie oft haben wir rhetorisch die Klingen gekreuzt vor dem Parlament der Deutschen! Und immer wieder durfte ich feststellen, was ich für ein souveräner Redner bin. Stets elegant gekleidet, mit modischer Barttracht, nie um ein Widerwort verlegen, frei sprechend, mutig vor dem Fürstenthron. Und messerscharf in meiner Argumentation. Ich muss mit aller gebotenen Bescheidenheit zugeben: Es hat schon Spaß gemacht, Ihnen ein ums andere Mal Ihre intellektuellen und politischen Grenzen aufzuzeigen. Insbesondere in der nachträglichen Betrachtung der Dinge war ich oft in der Lage nachzuweisen, welche Politik die bessere gewesen wäre. Nicht zufällig handelte es sich dabei oft um die Vorschläge MEINER Partei, der ... äh ... na! ... Freien Demografen Deutschlands. Ich habe schon in der Schule nie verstanden, warum „Besserwisser" ein Schimpfwort sein soll. Was ist falsch daran, etwas besser zu wissen, zu können, zu durchschauen? Diese mutige und schon sehr brillante Frage habe ich unserem Direktor bereits an meinem ersten Schultag gestellt, als er sich in seiner Rede hoffnungslos verhaspelte, sodass ich hilfsbereit einspringen konnte.
Aber ich schreibe viel zu viel von mir. Hier geht es ja um Sie. Ich konnte leider nie selbst studieren, wie meine Ausführung vor dem Hohen Hause auf Sie gewirkt haben. Sie saßen ja immer seitlich neben mir und nicht vor mir wie die jubelnden Kolleginnen und Kollegen aus allen Fraktionen. Meine Vertrauten haben mir aber immer wieder berichtet, dass ich Sie wohl so eingeschüchtert haben muss, dass Sie Zeitung gelesen haben. Oder mit Ministerinnen und Ministern geflüstert – sicherlich darüber, welche Ressorts ich mühelos ausfüllen könnte, auch gleichzeitig. Manchmal haben Sie vor lauter Verzweiflung über meine Überlegenheit sogar das Parlament verlassen, unter dem Vorwand von „Gipfeltreffen". Dabei habe ich Ihnen mehrfach (und anfangs sehr geduldig) dargelegt, dass der Gipfel sich stets dort befindet, wo der Lindner gerade ist.
Sei's drum. Bemühen wir uns um einen versöhnlichen Abschluss. Ich danke Ihnen dafür, dass Sie immer wieder Diskussionsbeiträge geliefert haben, während ich die politischen Weichen stellte. Für unser Land. Für den Markt. Für Christian Lindner.
Mit dem Ausdruck größter Hochachtung vor mir als Person und als Politiker:

Christian Lindner

Eintrag in das Logbuch der Kanzlerin, Sternzeit 032021, März. Captain Drosten von der MSS NoCovid

Sehr geehrte Frau Bundeskanzlerin,

gerne kommen wir Ihrer Bitte nach, Ihre Aufzeichnungen auf Basis aktueller Theoriemodelle der Virologie während der Pandemie fortzuführen. Wir fassen die Lage kurz zusammen:

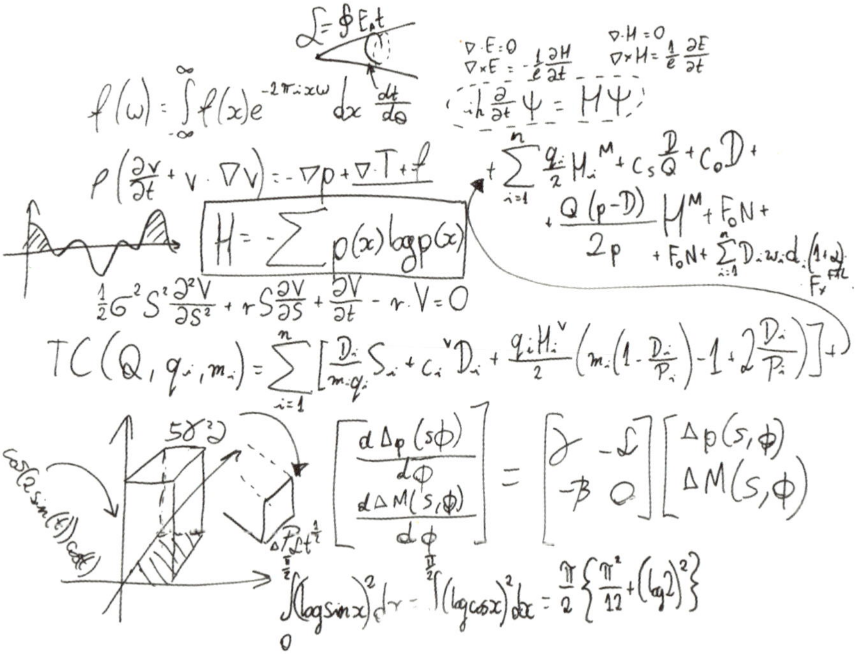

Wobei hingegen zu beachten ist, dass:

$$V_n = \frac{G \cdot h}{n^3} \cdot \left[\frac{n^3}{3} + \frac{n^2}{2} + \frac{n}{6} - n^2\right]$$

$$= G \cdot h \left[\frac{1}{3} \frac{1}{2n} + \frac{1}{6n^2}\right]$$

Nun kann man n und somit die Anzahl der Prismen gegen unendlich laufen lassen:

$$V = \lim_{n \to \infty} G \cdot h \cdot \left[\frac{1}{3} - \frac{1}{2n} + \frac{1}{6n^2}\right]$$

$$= G \cdot h \cdot \left[\lim_{n \to \infty} \frac{1}{3} - \lim_{n \to \infty} \frac{1}{2n} + \lim \frac{1}{6n^2}\right]$$

$$= G \cdot h \cdot \left[\frac{1}{3} 0 + 0\right]$$

$$V_{Pyramide} = \frac{G \cdot h}{3}$$

$$V_n = \left[\frac{1}{n}\right]^2 \cdot G \cdot \frac{h}{n} + \left[\frac{2}{n}\right]^2 \cdot G \cdot \frac{h}{n} + \left(\frac{3}{n}\right)^2 \cdot G \cdot \frac{h}{n} + \ldots + \left(\frac{n-1}{n}\right)^2 \cdot G \cdot \frac{h}{n}$$

$$= G \cdot \frac{h}{n} \cdot \left(\frac{1^2}{n^2} + \frac{2^2}{n^2} + \frac{3^2}{n^2} + \ldots + \frac{(n-1)^2}{n^2}\right)$$

$$= \frac{G \cdot h}{n^3} \cdot \left(1^2 + 2^2 + 3^2 + \ldots + (n-1)^2\right)$$

$$= \frac{G \cdot h}{n^3} \cdot \left(1^2 + 2^2 + 3^2 + \ldots + (n-1)^2 + n^2 - n^2\right)$$

$$= \frac{G \cdot h}{n^3} \cdot \left(\sum_{k=1}^{n} (k^2) - n^2\right)$$

Vereinfacht grafisch dargestellt:

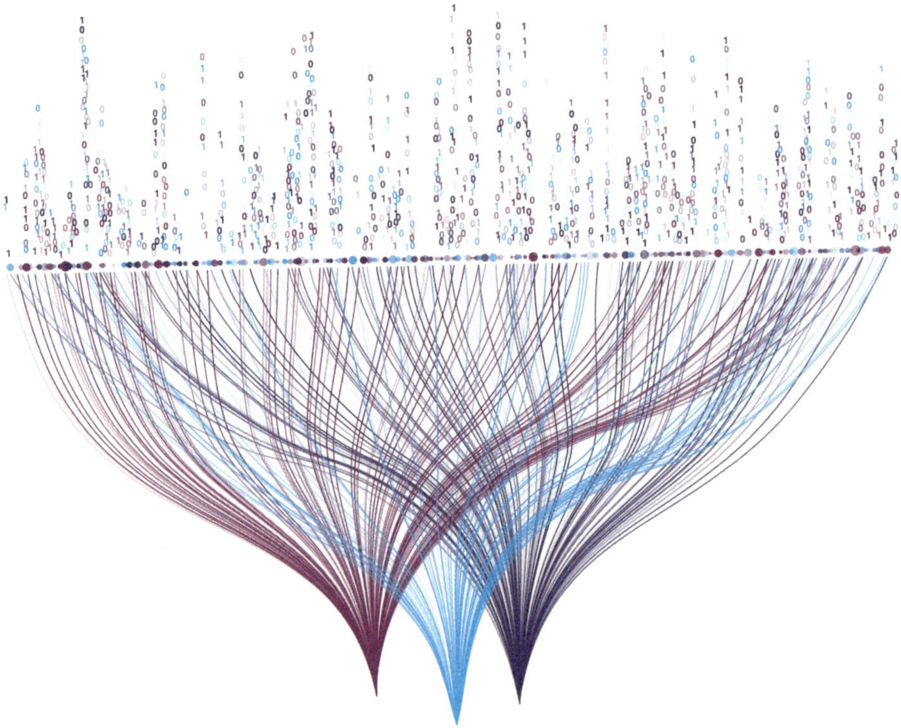

Fazit: Die Datenlage ist komplex. Was uns die Ergebnisse sagen wollen? Wir wissen es nicht. Wir schlagen darum vor abzuwarten, bis die Zahlen größer geworden sind, laufen und sprechen gelernt haben und einen Bildungsabschluss nachweisen können, der mit dem unseren kompatibel ist. Bis dahin empfehlen wir einen harten Shutdown bis mindestens 2025, Kontaktreduzierung auf maximal 0,67 Personen aus höchstens 3 Haushalten sowie eine Ausgangssperre von 18.00h-17.00h. Wir modellieren den Verlauf der Pandemie weiter ins Apokalyptische und ziehen uns dafür ins Labor zurück, wo das Infektionsgeschehen beherrschbar scheint. Viel Glück und bis irgendwann mal wieder. Ihr Beraterstab der LeoPandima

2021

01.01.2021

Liebes neues Jahr. Was sind das für herrliche Zeiten. „Keine Termine und leicht einen sitzen", so hat der Mitbürger Harald Juhnke seinerzeit seine Vorstellung vom Himmelreich treffend beschrieben. Und es stimmt! Ich weiß gar nicht, was die Leute alle gegen diesen Lockdown haben. Das ist doch total entschleunigend. Und gut für die Umwelt. Also, von mir aus könnte das ewig so weitergehen. Kriege ich hin. Gut, ich bin jetzt erstmalig froh, dass ich nicht singen kann, weil, sonst wäre ich ja vielleicht Sängerin geworden und das ist im Moment tatsächlich eher problematisch. Aber man kann sich ja nicht um alles kümmern. Jetzt schaue ich erst mal, was es im Fernsehen gibt. Oder ich mache diese PC-Kiste an und gucke mal in dieses Internett. Zeit genug hätte ich ja jetzt dafür. Denn das Tagebuch ist jetzt leider vollgeschrieben. Ob ich noch mal ein neues anlege? Ich glaube nicht. Was würde da schon drinstehen? Mittwoch: Heringe mit Dings gegessen. Sonntag: Sahnehering mit Dings gegessen. Montag: Heringsdorf besucht. Nö, wenn das dann einer findet und veröffentlicht. Das will man dann ja auch nicht. Von diesen Einträgen hier wünsche ich mir das übrigens ausdrücklich genauso wenig. Darum: DIES IST DAS GEHEIME TAGEBUCH VON ANGELA MERKEL! FINGER WEG! AUCH DU, PRALINEN-PETER!

ARMIN LASCHET

~~Liebe Angela~~
~~Werte Angela~~
~~Verehrte Angela~~
~~Sehr geehrte Frau Angela~~
Liebe Angela,

bisweilen wird mir vorgeworfen, dass ich mich ungern festlege und mein Fähnchen immer in den Wind hänge. Das muss ich teilweise auf das Entschiedenste ein wenig relativieren. Ich weiß eigentlich meistens, woher der Wind weht. Bei uns in Aachen sagt man: „Stell dich nicht gegen den Sturm, sonst zerreißt er dir noch dein Fähnchen." Das habe ich gelegentlich mit einer gewissen Konsequenz (fifty-fifty) beherzigt. Ich sehe mich also durchaus als Führungspersönlichkeit – jedenfalls, solange andere vorangehen und den jeweils ~~bequemsten~~ ~~günstigsten~~ ~~schönsten~~ richtigen Weg finden.

Unter uns: Mir ist ein wenig bang vor Berlin. Die vielen Menschen! Die vielen Entscheidungen! Das mit dem Englisch! Und dann nicht mal Karneval! Aber wenn du das von der Uckermark und der DDR aus geschafft hast, sollte das doch der Armin aus ~~dem Teutoburger Wald~~ ~~der Klasse 2a~~ Nordrhein-Westfalen auch hinbekommen oder was meinst du?

Ach so: Kannst du mir ein paar Tipps geben, wie ich mich in die Weltpolitik einlesen kann? Wenn du mir bis nächste Woche Dienstag einen Link schicken könntest – da habe ich nachmittags ein Stündchen Zeit für so was.

Ach, Angela! Eigentlich beneide ich dich um deinen Ruhestand. Schön gemütlich mit Freunden zusammensitzen, Hacksteak futtern und einen zünftigen Skat dreschen – das wär' doch ein schönes Leben. Kannst du nicht aus dem Hintergrund weiter die Fäden ziehen? Ich wäre sehr gerne deine Marionette. Du dürftest bestimmen, in welche Richtung ich zapple. Als Gegenleistung würde ich dir auch eine Sondergenehmigung für den Weiterbetrieb aller Braunkohleheizungen in Templin beschaffen. Kein Thema.

Dein kleiner Armin

DER VERLEGER

Hamburg, im Frühjahr 2021

Sehr geehrte Frau Bundeskanzlerin,

nach erneuter Prüfung des Exposés für Ihre Memoiren muss ich Ihnen leider mitteilen, dass wir vom Vertrag zurücktreten. Wir bitten um die Erstattung des bereits bezahlten Vorschusses von 1000 TEUR auf das Konto unserer Verlagsgruppe.

Wir bedauern diese Entwicklung außerordentlich. Ein Buch der frisch pensionierten Kanzlerin über „Politik und Macht – wie sie funktionieren", erschienen in einem Verlag aus Ihrer Geburtsstadt, hätte die Öffentlichkeit elektrisieren und die politische Diskussion prägen können. Aber wie ich bereits in meinen beiden letzten Briefen und während unserer Telefonate zum Thema dargelegt habe, hätte es dafür etwas größerer Anschaulichkeit und auch einer deutlich größeren Textmenge bedurft. Ein Buch von nur 6 Seiten, dessen Text ausschließlich aus zwei physikalischen Formeln besteht, hat am Markt leider keine Chance. Und ich muss gestehen, dass sich selbst mir die Botschaft der beiden Formeln trotz der umfangreichen Erläuterungen im Anhang bis jetzt nicht voll erschlossen hat. Ich fürchte, den meisten Leser*innen wird es ähnlich gehen, weil die Zeiten der logarithmischen Funktionen und des Cosinus einfach zu lange her sind. Wovon es genau abhängt, wie viel Macht jemand hat, konnte mir auch ein befreundeter Mathematiker anhand Ihrer Formel nicht erklären.

Ich bedaure sehr, dass wir nicht zusammenkommen konnten. Wäre es vielleicht doch besser gewesen, wir hätten uns an Michelle Obamas „Becoming" orientiert und Ihre erste Titelidee „Abwarting" umgesetzt? Wir werden es wohl nie erfahren ...

Mit freundlichem Gruß

Harry S. Rowohlt

P.S. Unser Angebot, dass Sie im Ruhestand als Sprecherin unserer erfolgreichen Einschlaf-Hörbücher oder der Reihe „Der kleine Verhaspel" arbeiten könnten, steht weiterhin.

ANHANG

Hinweis der Herausgeber

Die Original-Einträge in diesem Buch stammen überwiegend aus einer Zeit, in der eine nicht gendernde Sprache verwendet wurde. Die Autoren haben sich deswegen die Mühe gemacht, die erforderlichen Materialien zur Korrektur der Quellen von Hand abzuzählen und zur Verfügung zu stellen.

-innen -innen-innen-innen-innen-innen-innen-innen-innen-innen-innen-innen-innen-innen

Innen Innen Innen Innen Innen Innen Innen Innen Innen Innen Innen Innen Innen Innen Innen

/innen /innen /innen/innen/innen/innen/innen/innen/innen/innen/innen/innen /innen /innen

*innen *innen*innen*innen*innen*innen*innen*innen*innen*innen*innen*innen

-Innen -Innen -Innen -Innen -Innen -Innen -Innen -Innen -Innen -Innen -Innen -Innen -Innen

* *

-innen -innen-innen-innen-innen-innen-innen-innen-innen-innen-innen-innen-innen-innen

Innen Innen Innen Innen Innen Innen Innen Innen Innen Innen Innen Innen Innen Innen Innen

/innen /innen /innen/innen/innen/innen/innen/innen/innen/innen/innen/innen /innen /innen

*innen *innen*innen*innen*innen*innen*innen*innen*innen*innen*innen*innen

-Innen -Innen -Innen -Innen -Innen -Innen -Innen -Innen -Innen -Innen -Innen -Innen -Innen * *

* *

-innen -innen-innen-innen-innen-innen-innen-innen-innen-innen-innen-innen-innen-innen

Innen Innen Innen Innen Innen Innen Innen Innen Innen Innen Innen Innen Innen Innen Innen

/innen /innen /innen/innen/innen/innen/innen/innen/innen/innen/innen/innen /innen

*innen *innen *innen *innen *innen *innen *innen *innen *innen *innen *innen *innen

:innen :innen :innen :innen :innen :innen :innen :innen :innen :innen :innen :innen :innen

-Innen -Innen -Innen -Innen -Innen -Innen -Innen -Innen -Innen -Innen -Innen -Innen

****

-innen -innen-innen-innen-innen-innen-innen-innen-innen-innen-innen-innen-innen

Innen Innen Innen Innen Innen Innen Innen Innen Innen Innen Innen Innen Innen Innen

/innen /innen /innen/innen/innen/innen/innen/innen/innen/innen/innen/innen /innen

*innen *innen *innen *innen *innen *innen *innen *innen *innen *innen *innen *innen

:innen :innen :innen :innen :innen :innen :innen :innen :innen :innen :innen :innen :innen

-Innen -Innen -Innen -Innen -Innen -Innen -Innen -Innen -Innen -Innen -Innen -Innen

****

-innen -innen-innen-innen-innen-innen-innen-innen-innen-innen-innen-innen-innen

Innen Innen Innen Innen Innen Innen Innen Innen Innen Innen Innen Innen Innen Innen

/innen /innen /innen/innen/innen/innen/innen/innen/innen/innen/innen/innen /innen

*innen *innen *innen *innen *innen *innen *innen *innen *innen *innen *innen *innen

:innen :innen :innen :innen :innen :innen :innen :innen :innen :innen :innen :innen :innen

-Innen -Innen -Innen -Innen -Innen -Innen -Innen -Innen -Innen -Innen -Innen -Innen

****

ISBN 978-3-8303-3600-6

ISBN 978-3-8303-3592-4

ISBN 978-3-8303-3594-8

ISBN 978-3-8303-3609-9

ISBN 978-3-8303-3614-3

LAPPAN

Bücher, die Spaß bringen!

FOLGT UNS! facebook.com/lappanverlag
Instagram.com/lappanverlag
www.lappan.de

BILDNACHWEIS:

360b/shutterstock.com: Cover, S. 23, 44, 96, 104
Anton Starikov/shutterstock.com: S. 48
Arelix/shutterstock.com: S. 14
A.RICARDO/shutterstock.com: S. 86
BananyakoSensei/shutterstock.com: S. 52
bioraven/shutterstock.com: S. 93
Bobnevv/shutterstock.com: 6, 7, 8, 12, 16, 20, 22, 27, 31, 36, 40, 42, 44, 49, 50, 53, 57, 60, 63, 66, 68, 72, 75, 81, 86, 89, 94, 98, 103, 107, 111, 121
BUTENKOV ALEKSEI/shutterstock.com: S. 114
Dave Allen Photography/shutterstock.com: S. 102
Dawid K Photography/shutterstock.com: S. 114
dvoevnore/shutterstock.com: S. 34-35
Evan El-Amin/shutterstock.com: S. 95
Fabian Steffens/shutterstock.com: S. 107
Farferros/shutterstock.com: S. 21
Flame of life/shutterstock.com: S. 80
Flas100/shutterstock.com: S. 97
Foto-berlin.net /shutterstock.com: S.107
HitToon/shutterstock.com: S. 84
HorenkO/shutterstock.com: S. 25, 26
https://commons.wikimedia.org/wiki/File:Karl-Theodor_Freiherr_von_und_zu_Guttenberg_in_Afghanistan.jpg: S. 69
https://commons.wikimedia.org/wiki/File:Vladimir_Putin_in_Saint_Petersburg-41.jpg: S.51
janews/shutterstock.com: S. 1-128
Jenny Sturm/shutterstock.com: S. 60
Joe Seer/shutterstock.com: S. 110
Joseph Sohm/shutterstock.com: S. 14
LiliGraphie/shutterstock.com: S. 15, 65
Lina_Lisichka/shutterstock.com: 39, 44, 48, 52, 56, 59, 62, 65, 74, 77, 78, 80, 85, 88, 93, 96, 101, 102, 105, 106, 109, 110, 115, 116, 117, 122, 123
lookus/shutterstock.com: S. 64
MaxyM/shutterstock.com: S. 30
Melinda Nagy/shutterstock.com: S. 67
mijatmijatovic/shutterstock.com: S. 6, 9, 10, 17, 18, 20, 21, 24, 27, 31, 32, 33, 39, 41, 45, 47, 58, 61, 66, 69, 72, 73, 79, 83, 90, 92, 100, 108, 113
MM_photos, Aneta_Gu/shutterstock.com: S.11
monbibi/shutterstock.com: Cover
neftali/shutterstock.com: S. 28
NesaCera/shutterstock.com: S. 116
Ninja Artist/shutterstock.com: Cover
OlgaLis/shutterstock.com: S. 106
Paul Cullen Photography/shutterstock.com: S. 43
PHOTOCREO Michal Bednarek/shutterstock.com: S. 118
picture-alliance/ dpa/dpaweb / Bernd Gurlt: S. 13
picture alliance / / R4200: S.7
Pilguj/shutterstock.com: S. 98
privat: S. 41
SpicyTruffel/shutterstock.com: S. 70–71
StudioRoehl/shutterstock.com: S. 107
Sunward Art/shutterstock.com: S. 120
TSV Creative/shutterstock.com: S. 77
Vectorism/shutterstock.com: S. 15, 25, 26, 48 und Backcover
wanchai/shutterstock.com: S. 19
Zsschreiner: S. 96, 98, 102, 110

Im Rahmen der Recherche wurde versucht, alle Inhaber von Bildrechten und anderen Nutzungsrechten an den im Rahmen dieser Publikation verwendeten Inhalten zu ermitteln. Sollten Ihnen Ergänzungen oder Versäumnisse auffallen, so bitten wir Sie um Mitteilung an info@lappan.de